LIGURIEN

ITALIENISCHE RIVIERA
CINQUE TERRE

INSIDER-TIPP
Deine Abkürzung ins Erleben!

Reisen mit MARCO POLO Insider-Tipps

MARCO POLO TOP-HIGHLIGHTS

SAN FRUTTUOSO ★1
Nur zu Fuß oder per Schiff gelangst zu der eindrucksvollen romanischen Abtei in ihrer herrlichen Strandbucht.

Tipp: Der Mix aus Erhabenheit und buntem Strand kommt am besten von oben, z. B. vom Turm oder dem westlichen Wanderweg.

➤ S. 93, Riviera di Levante

SANREMO ★2
Das nostalgische Flair der Rivierasommerfrische mischt sich mit neuem Rummel.

➤ S. 47, Riviera di Ponente

CAMOGLI ★3
Hier zeigt Ligurien besonders schön die Farbenpracht seiner Häuserfassaden.

➤ S. 86, Riviera di Levante

VERNAZZA ★4
Für viele das schönste der fünf traumhaften Cinque-Terre-Dörfer.

Tipp: Provokant bei all den bunten Häusern und wunderschön retro: Der Hafenplatz in Schwarz-Weiß oder Sepia.

➤ S. 114, Cinque Terre

GIARDINI BOTANICI HANBURY ★5
Das Rivieraklima machts möglich: die an Pflanzenvielfalt reichste Gartenanlage Norditaliens.

Tipp: Symmetrie gibt der Pflanzenpracht Ordnung und Ausdruck: Such klare Linien – einen Weg oder Balken.

➤ S. 44, Riviera di Ponente

ALTSTADT VON GENUA ★6

Lass dich am besten ziellos treiben durch das verschachtelte Gassenlabyrinth aus Kasbah, alten Palazzi (Foto) und neuen Kneipen.

📷 *Tipp: Die Kamera einen Palazzo entlang nach oben gerichtet, fasst Prunk und Enge der Gassen zusammen.*

➤ S. 69, Genua

BAIA DEL SILENZIO ★7

Ein Traum von Strand: die von pastellfarbenen Häusern umrahmte Bucht der Stille in Sestri Levante.

📷 *Tipp: Die gesamte Bucht fängst du am besten von der Terrazza dei Frati bei der Chiesa dei Cappuccini ein.*

➤ S. 100, Riviera di Levante

BOOTSFAHRTEN ★8

Vom Meer aus sieht man am besten die aufregende Küste mit den Dorfnestern und abenteuerlichen Rebzeilen der Cinque Terre.

➤ S. 117, Cinque Terre

WANDERN ★9

Nicht nur in den Cinque Terre scheinen Wanderer zwischen Himmel und Meer zu schweben: Wunderbare Wanderrouten durchziehen ganz Ligurien.

➤ S. 34, Sport

GROTTE DI TOIRANO ★10

Ein Spaziergang durch die kristallinen Eingeweide der Kalkberge.

➤ S. 62, Riviera di Ponente

INHALT

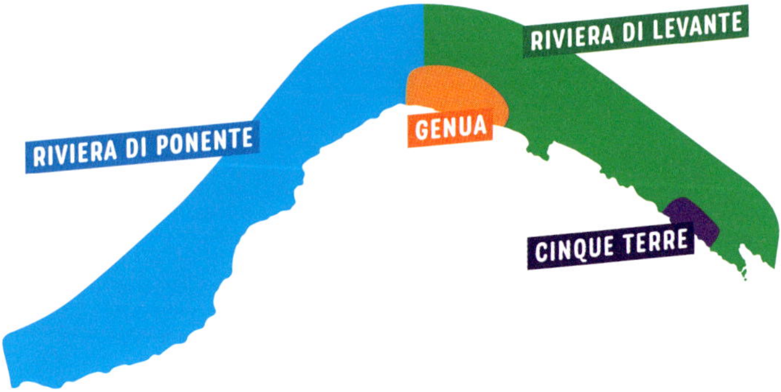

MARCO POLO TOP-HIGHLIGHTS

DAS BESTE ZUERST

SO TICKT LIGURIEN

ESSEN, SHOPPEN, SPORT

MARCO POLO REGIONEN

ERLEBNISTOUREN

GUT ZU WISSEN

Besuch planen
€-€€€ Preiskategorien
(*) Kostenpflichtige Telefonnummer
Essen/Trinken
Shoppen
Ausgehen
Top-Strände

(◫ A2) Herausnehmbare Faltkarte
(◫ a2) Zusatzkarten auf der Faltkarte
(◫ 0) Außerhalb des Faltkartenausschnitts

BESSER PLANEN MEHR ERLEBEN!

Digitale Extras
go.marcopolo.de/app/lig

MARCO POLO

DIGITALE EXTRAS

DIGITAL NOCH MEHR ERLEBEN

Schneller in Urlaubslaune kommen.

Perfekt organisiert sein – vor, während und nach dem Urlaub.

Mit der MARCO POLO Touren-App und unseren digitalen Angeboten.

Noch mehr Trendziele, Inspiration und aktuelle Infos findest du auf **marcopolo.de**

SO EINFACH GEHT'S

1. Website besuchen
2. Die digitale Welt von MARCO POLO entdecken
3. App runterladen und ab in den Urlaub

Alle Infos zum digitalen Angebot unter **marcopolo.de/app**

DAS BESTE ZUERST

Welches ist das schönste Cinque-Terre-Dorf? Bei vielen liegt Vernazza vorn

BEST OF BEI REGEN

SCHÖN, AUCH WENN ES REGNET

GROTTEN VON TOIRANO

Die beiden schönsten und größten der riesigen *Tropfsteinhöhlen* im Massiv aus Kalkgestein oberhalb von Toirano kannst du durchwandern – egal ob es draußen regnet oder die Sonne scheint.

➤ S. 62, Riviera di Ponente

INS SPIELCASINO VON SANREMO

Das *Casino,* 1905 eingeweiht, wurde sofort zu einer europäischen Attraktion. Du kannst hier essen, einen Cocktail trinken oder dich selber dem Kitzel des Spiels hingeben: an zig Spielautomaten oder beim klassischen Roulette und bei Kartenspielen wie Blackjack und Poker.

➤ S. 50, Riviera di Ponente

AQUARIUM VON GENUA

Wenn es in Genua regnet, gibt es kaum einen besseren Ort: Wasser überall, nur nicht von oben (Foto). Und wenn es dann immer noch regnet, gibt es auch noch das nahe Schifffahrtsmuseum *Galata Museo del Mare.*

➤ S. 76, Genua

DREI IMPOSANTE PALAZZI AN GENUAS VIA GARIBALDI

Die *Musei di Strada Nuova* bieten ein Programm, das sogar für Dauerregen reicht: *Palazzo Rosso, Palazzo Bianco* und *Palazzo Doria-Tursi* zeigen in ihren prachtvollen Räumen die Gemäldesammlungen aus Genuas goldenem Zeitalter, als der Adel in Meisterwerke der europäischen Künstler investierte.

➤ S. 74, Genua

EINE BOUTIQUE NEBEN DER ANDEREN

40 km nördlich von Genua reihen sich im *Outletcenter Serravalle,* einem der größten Shoppingdörfer Italiens, alle erdenklichen Mode- und Sportmarken, dazu Pizzerien, Bars und Eisdielen Tür an Tür.

➤ S. 32, Shoppen & Stöbern

BEST OF LOW-BUDGET

FÜR DEN KLEINEN GELDBEUTEL

DER SCHÖNSTE FREIE STRAND

Die Strände Liguriens sind heiß umkämpft von den – oft unverschämt teuren – Badeanstalten. Neben diesen *lidi* genannten Etablissements findet sich aber oft noch Platz zum freien Liegen, etwa an der *Spiaggia della Natarella* in Savona.

➤ S.65, Riviera di Ponente

HOCHKARÄTIGE ORGELKONZERTE

In den Pfarrkirchen der fünf Dörfer und in der Wallfahrtskirche Madonna di Soviore finden Mitte September die anspruchsvollen Konzerte des *Festival Internazionale di Musica Cinque Terre* statt – gratis.

➤ S. 113, Cinque Terre

AUF DEM GRATISRAD AM MEER ENTLANG

Da es für viele gute Hotels heute fast schon zum Standard gehört, ihren Gästen Fahrräder gratis zur Verfügung zu stellen, bleibt nur noch die Frage, wo es sich am schönsten radeln lässt. Ganz klar: auf der *Radstrecke* direkt an der Küste entlang zwischen Sanremo und San Lorenzo al Mare.

➤ S. 35, Sport

BUMMEL DURCHS MITTELALTER

In einigen der schönen Städtchen Liguriens erlebst du das mittelalterliche Flair wie in einem kostenlosen Freilichtmuseum. Besonders schön z. B. in *Apricale,* in *Noli* oder in *Taggia* mit kompaktem Altstadtkern in der Stadtbefestigung aus dem 16. Jh. (Foto).

➤ S. 46, 63, 120, Riviera di Ponente, Erlebnistouren

FAST EIN SKULPTURENMUSEUM

Aus dem berühmten Monumentalfriedhof *Cimitero di Staglieno* am Hang über Genua machen in Stein gehauene Porträts, Engel, Trauernde eine eindrucksvolle Skulpturengalerie unter freiem Himmel.

➤ S. 81, Genua

BEST OF MIT KINDERN

SPANNENDES FÜR GROSS & KLEIN

ZU GAST BEIM CLOWN

Wo wohn(t)en echte Clowns? In der *Villa Grock* bei Imperia zum Beispiel. Ihr Garten sieht bunt aus wie ein Zirkus. Im Haus verwandelt man sich in einen Clown, lacht über die Sketche des großen Grock und es gibt clowneske Spiele in der Wunderkammer oder im Zauberkasten.

➤ S. 52, Riviera di Ponente

ABENTEUERPARK

Haben die Eltern ihr Bedürfnis nach Kunst und Kultur befriedigt? Dann bitte rauf in den Hochseilgarten, auf die Mountainbikepisten und die Ziplines im Abenteuerpark im *Parco Avventura Val di Vara* bei Sestri Levante! Hier wird der ganzen Familie bestimmt nicht langweilig.

➤ S. 101, Riviera di Levante

WALE BEOBACHTEN

Delphine und auch der ein oder andere Wal tummeln sich vor der ligurischen Küste. Gar nicht so selten kommen sie an die Wasseroberfläche. Vielleicht sprüht einer sogar seine Fontäne in die Luft? Touren starten u. a. in Imperia.

➤ S. 53, Riviera di Ponente

KARIBISCHE WASSERLANDSCHAFT

Im *Parco Acquatico Le Caravelle* bei Alassio warten Nachbildungen der historischen Schoner von Amerika-Entdecker Christoph Kolumbus darauf, dass Kinder auf ihnen herumklettern. Daneben gibt es normale Schwimmbecken und Rutschen.

➤ S. 58, Riviera di Ponente

ZUM HÖHLENZEICHNER WERDEN

Das *Museo Archeologico* in Finale Ligure ist eine spannende Zeitreise durch die ligurische Siedlungsgeschichte, in der die Kids auch selbst aktiv werden dürfen.

➤ S. 60, Riviera di Ponente

BEST OF

TYPISCH

DAS ERLEBST DU NUR HIER

PITTORESKE FISCHERDÖRFER AM MEER

Schmale Häuser dicht an dicht, in Ocker oder Sonnengelb, in Kamelienrosa oder Erdbeer, so reihen sie sich am Strand im Spalier auf – besonders schön in *Camogli* oder *Portofino:* unverwechselbare Ligurienbilder.

➤ S. 86, 92, Riviera di Levante

OUTDOORSPORT ZWISCHEN BERGEN UND MEER

Nicht nur Tauchen an den Felsküsten oder Surfen auf den Wellen – Ligurien ist auch zu Lande zu Lande ein riesiger Abenteuerspielplatz für die Outdoorfreunde, z.B. rings um *Finale Ligure* auf spektakulären MTB-Trails und an Kletterwänden in den Bergen (Foto).

➤ S. 59, Riviera di Ponente

BAROCKPALÄSTE IN GENUAS ALTSTADT

An den *rolli* erkennst du heute noch gut, weshalb Genua im 17. Jh. als die reichste Stadt Europas galt. Übrig geblieben sind diese mehr als 40 prachtvollen Palazzi.

➤ S. 74, Genua

LANDKÜCHE MIT PESTO

Für die gerühmte ligurische Küche steht beispielhaft die Trattoria *La Brinca* in Ne. Ihre hausgemachten Bandnudeln aus Kastanienmehl mit Pesto aus Liguriens duftendem Basilikum sind ein Gedicht.

➤ S. 97, Riviera di Levante

MALERISCHE BERGDÖRFER

Steinhäuser, auf schmalen Hügelkämmen zu düsteren Labyrinthen zusammengedrängt, aber immer mit einer einladenden Piazza, mit kühn über Bergbäche geschwungenen Brücken, mit netten Restaurants, dazu Weitblicke über die Berge aufs Meer: Solche ligurischen Gesamtkunstwerke erlebst du etwa in *Dolceacqua* oder *Apricale.*

➤ S. 46, Riviera di Ponente

SO TICKT LIGURIEN

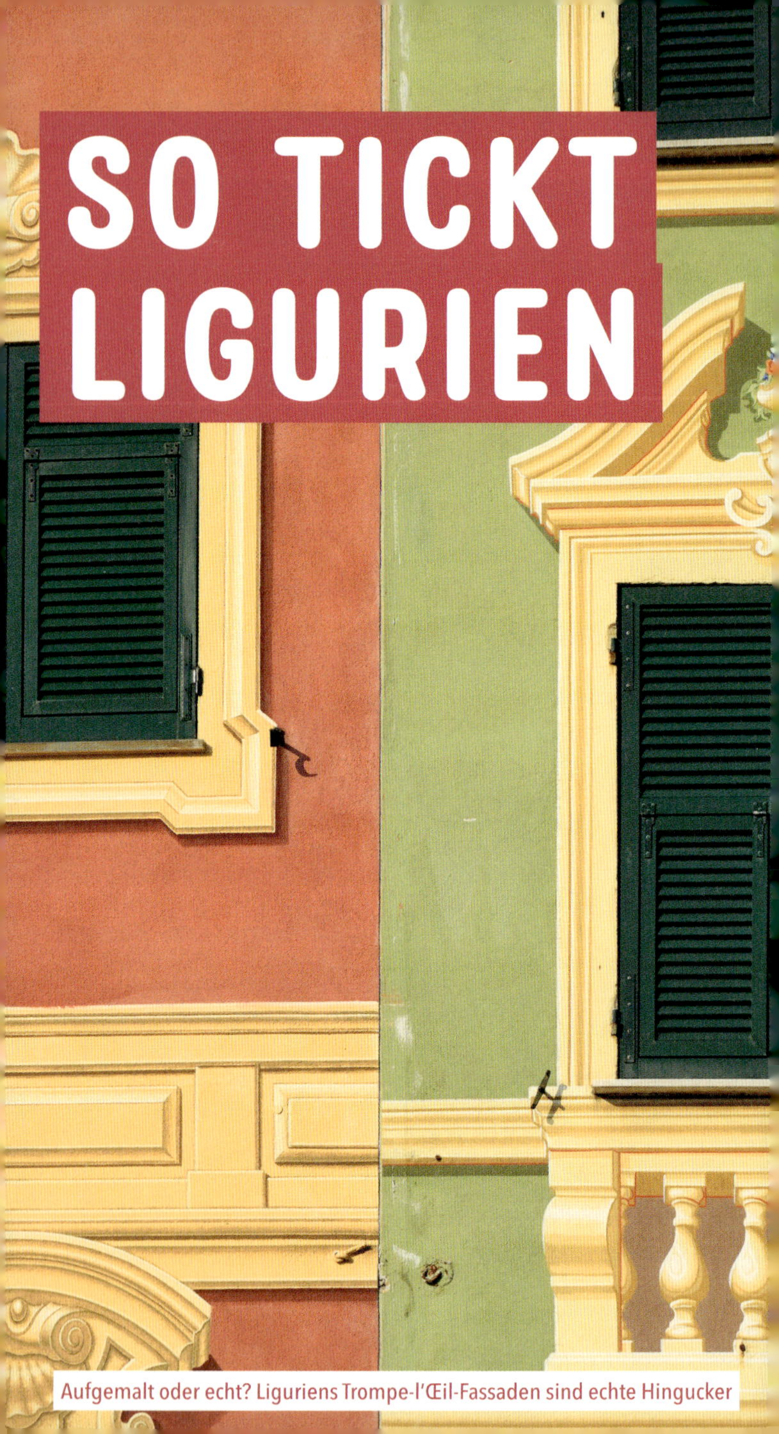

Aufgemalt oder echt? Liguriens Trompe-l'Œil-Fassaden sind echte Hingucker

ENTDECKE LIGURIEN

In warmer Abendluft direkt am Wasser sitzen und frischen Fisch essen: Rivierafeeling in Alassio

Die Italienische Riviera ist mediterrane Idylle pur: Sonnenlicht, duftende Vegetation, zauberhafte Buchten, verwegene Klippen, darüber und dahinter eine verwunschene Bergwelt. Die Hafenstadt Genua, ein lebendiges Labyrinth, will entdeckt werden. Nur wenige Kilometer weiter: sinnliche Glücksmomente am Strand eines der bunten Badestädtchen, eine frische Focaccia in der Hand.

Szenenwechsel: Es ist Winter in Ligurien, aber die Sonne scheint unverdrossen und überall blühen die Kamelien in Weiß, Rot, Rosa und natürlich die knallgelben, zartblütigen Mimosen. Dank der Olivenhaine, der Steineichen und japanischen Magnolien, dank der großblättrigen Bananenstauden und Palmen grünt es auch im Winter in allen Schattierungen. Allerorten wird gewerkelt und gepinselt, die Bewohner der Badeorte längs der Küste bereiten ihre Hotels, Eiscafés

um 180 000 v. Chr. Erste Höhlenmenschen siedeln an Liguriens Westküste

1284 Genua gewinnt die Alleinherrschaft über das Tyrrhenische Meer und wird zum stärksten Konkurrenten Venedigs

1492 Christoph Kolumbus, in Genua geboren, entdeckt Amerika

1528 Genua wird unabhängige Republik, ihr bedeutendster Doge Andrea Doria, Genuas Glanzzeit beginnt

1860 Von Genua startet Freiheitskämpfer Giuseppe Garibaldi seinen „Zug der Tausend", was zur Einigung Italiens führt

und Strandbäder auf den Ansturm der Sonnensucher vor. In den Dutzenden von Sporthäfen längs der 350 km langen Küste wird geklopft und gestrichen, um die weißen Motor- und Segelyachten angemessen empfangen zu können. Im März beginnt die Saison, doch wegen des milden Klimas kann man das ganze Jahr über an die ligurische Riviera fahren – was ihr den Ruf eines Rentnerdorados zum Überwintern einbrachte.

DIE RIVIERA: SONNE, LUXUS, LEBENSART

Aber die Zeiten der leicht angestaubten, etwas ältlichen Riviera sind längst vorbei. In der zweiten Hälfte des 19. Jhs. waren die ersten Sommergäste aus England aufgetaucht, auf der Suche nach Sonne und Lebensart. Sie guckten sich Bordighera, Alassio, Sanremo aus, es entstanden Luxushotels, Palmenpromenaden, traumhafte Parkanlagen und Spielcasinos. Einiges davon hat überlebt, viele schöne Villen sind mittlerweile in Ferienwohnungen umgewandelt worden, für das wohlhabende jüngere Bürgertum aus Turin und Mailand. Die exklusive Tradition macht sich auch im Preisniveau bemerkbar: Ligurien ist kein billiges Pflaster, man merkt es an den Hotel- und Restaurantpreisen, an den Tarifen für Liegestühle, am Cappuccino an der Hafenpromenade.

GÖTTLICH SCHMAUSEN IM SONNENUNTERGANG

Gegen Abend setzt man sich zum Sundowner an ein Cafétischchen, z. B. an der Bucht von Portofino, einem der schönsten und exklusivsten Flecken der an schö-

1946 Nach Monarchie, Faschismus und Zweitem Weltkrieg entscheiden sich die Italiener für die Staatsform der Republik

2018 Einsturz der Morandi-Brücke in Genua, 43 Menschen sterben

2020 Die trotz Corona-Krise in Rekordzeit gebaute neue Autobahnbrücke in Genua wird geöffnet

2022 Jahrhundertdürre mit 330 Tagen ohne Niederschlag in Ligurien

2023 Rekordzahlen von Flüchtlingen an der französischen Grenze bei Ventimiglia nen Flecken wahrlich nicht armen Küste Italiens. Vergessen sind die verheerenden Regengüsse des Herbsts und Frühjahrs, die viele Wasserläufe immer wieder in reißende Sturzbäche verwandeln, vergessen die Waldbrände unter der gleißenden Sommersonne. In diesem Moment gilt das Interesse allein der gewichtigen Frage, wo man am Abend speisen wird. Die Beute aus Meer und Wäldern und die Produkte der von der Sonne verwöhnten Gemüse- und Kräutergärten ergeben eine ausgezeichnete Küche – für Italienfans bekanntlich ein Reisemotiv erster Güte.

EIN WUNDER DER LANDSCHAFTSARCHITEKTUR: DIE CINQUE TERRE

Doch so üppig die Vegetation dank dem guten Klima ist, Boden für ertragreichen Ackerbau gibt es kaum. Alles muss äußerst mühsam und mit viel Aufwand auf künstlich mit Stützmauern angelegten, kleinen Terrassen angebaut werden. Dafür aber hat dieser aus funktionellen Bedürfnissen entstandene Weinanbau zum Beispiel an dem weltberühmten Küstenabschnitt der Cinque Terre zu einer derart schön gestylten Landschaft geführt, dass sie heute in die Unescoliste des Welterbes aufgenommen worden ist. Vielerorts ist der Terrassenbau jedoch aufgegeben worden, was das Erdreich an den Hängen lockert und ins Rutschen bringt. Immer wieder haben starke Regenfälle daher schlimme Folgen: Wassermassen stürzen die steilen Berge der Levante herab, entwurzeln Bäume und bringen Häuser zum Einsturz.

RIVIERA 2.0: BIOWINZER, BEACHCLUBS, BADESTRÄNDE

Doch es gibt auch gute Nachrichten: Überdurchschnittlich viele Strände längs der ligurischen Küste dürfen die begehrte Blaue Flagge für gute Wasserqualität aufstellen. Selbst Wale und Delphine sind wieder vor der Küste aufgetaucht. Immer mehr Gemüsebauern und Winzer steigen auf Bioanbau um. Stillgelegte Eisenbahntrassen längs der Küste sind in schöne Radwege umgewandelt worden und an den Stränden finden sich neben familiären Badeanstalten schicke Beachclubs oder romantische Klippenresorts. Hübsche Designhotels und charmante, kleine *locande* haben aufgemacht, in den historischen Zentren hat das B-&-B-Angebot enorm zugenommen.

EINE STADT FÜR ENTDECKER: GENUA

Und schließlich die faszinierende Metropole Genua: Die spannende Hafenstadt bildet einen kulturellen Mittelpunkt von großer Lebendigkeit, der Alte Hafen ist ein Freizeitdorado für Einheimische und Besucher. Für die Zukunft stehen große städtebauliche Modernisierungen auf dem Programm. Erstklassige Ausstellungen ziehen bereits heute das Publikum an; bedeutende Kunstsammlungen hatte die Stadt immer schon zu bieten. Auch ist sie voll einladender Restaurants, Aperitifbars und Musikclubs. Gründe für eine Reise nach Ligurien gibt es mehr als genug!

AUF EINEN BLICK

1.509.000
Einwohner

Mecklenburg-Vorpommern: 1.628.000

3,3 Mio.
Kreuzfahrt- und Fährpassagiere

gehen im Schnitt pro Jahr in Genua an Bord

350 km
Küstenlänge

Entspricht der Entfernung München–Leipzig (Luftlinie)

5.416 km²
Fläche

Saarland: 2.569 km²

HÖCHSTER LEUCHTTURM ITALIENS

77 m

Lanterna in Genua

2.250 EURO

kostet der Liegeplatz für eine 50-m-Yacht pro Tag in Portofino

KILOKALORIEN

492

hat eine Portion Pasta mit Pesto Genovese

BERÜHMTE LIGURIER

Christoph Kolumbus (Seefahrer), Fabrizio De André (Sänger), Andrea Doria (Admiral, Fürst und Politiker), Renzo Piano (Architekt), Beppe Grillo (Komiker und Politiker), Niccolò Paganini (Geiger und Komponist)

1518

Gründung der ältesten Blaskapelle der Welt „Guido Moretti" in Pietra Ligure

ÄLTESTER FUSSBALLVEREIN ITALIENS (1893)

CFC GENOA

LIGURIEN VERSTEHEN

PARADIESGÄRTLEIN

Gladiolen, Nelken, vor allem aber duftende Rosen in zauberhaftem Gelb, Rosa, Blutrot, diese Blumenpracht hat dem Küstenabschnitt zwischen Ventimiglia und Imperia seinen Namen *Riviera dei Fiori,* Blumenriviera, gegeben. In zahllosen Gewächshäusern – nicht immer eine Zierde für die Landschaft – entstand hier eine der bedeutendsten Schnittblumenindustrien Europas. Für die Blumenriviera noch bis ins späte 20. Jh. die wichtigste Einnahmequelle, ist das im doppelten Wortsinn blühende Geschäft heute arg bedroht von der Konkurrenz aus Indien, Lateinamerika, Afrika und dem süditalienischen Kampanien. Um die hohen Kosten der Gewächshäuser zu reduzieren, setzt man heute auch auf Freilandblumen wie Ranunkeln, Mohnblumen, Calendulae, auf Ziergrün und auf Kräuter. Ventimiglia und Sanremo haben ihre phantastischen Blumenfeste und zu Fronleichnam werden die Straßen mit Blütenteppichen geschmückt, am schönsten in Diano Marina. Angefangen hatte es 1874, als der deutsche Gartenmeister Ludwig Winter die ersten frischen Rosensträuße aus Bordighera auf die Märkte nach München schickte, im Herbst und per Eisenbahn. Winter hatte an diesem Flecken mit seinem wunderbar milden Klima sein Wirkungsfeld gefunden, neben Blumen pflanzte er Dutzende Palmenarten, Kakteen, Farne, Agaven an. Hier, nur wenige Hundert Kilometer vom rauen Norden, konnten sie gedeihen. Mitgestaltet hat er die berühmten Giardini Hanbury bei Ventimiglia sowie zahlreiche Parkanlagen in Bordighera und Sanremo, alle mit dieser typischen Mischung aus exotischen und mediterranen Pflanzen, die den Reiz der ligurischen Vegetation ausmachen.

KICK IT LIKE GENOA

Zum 120. Mannschaftsjubiläum haben sie die Banderole ausgerollt, drei Tonnen wiegt sie, fast die ganze Nordkurve hat sie bedeckt in den rotblauen Farben des CFC Genoa, mit dem Wappentier, dem Greif, darauf. Einen Monat lang haben bis zu vier Mann vom Fanclub daran genäht. Diese sei die mit Abstand größte, die sie je gemacht haben – und die letzte, sagt der Vor-

sitzende Dario Bianchi. Ob man ihm das glauben kann? Mit Fußballfans ist das ja so eine Sache, die Leidenschaft lässt nicht einfach nach. In Genua schon gar nicht: Der CFC ist Italiens älteste Mannschaft, mit den wahrscheinlich treuesten Fans. Seit sich 1893 die *grifoni* offiziell gegründet haben, die Greife, so nennen sich die Spieler, feiern und leiden die *tifosi,* die Fans, mit ihnen. Im Moment hält sich der Verein wieder in der ersten Liga – auf den hinteren Rängen. Eine Liebhabermannschaft eben.

DER LIGURIEN-WALK OF FAME

Die winzige Fischerbucht von Portofino war in den Fünfziger- und Sechzigerjahren des 20. Jhs. ein Hideaway der Schönen und Reichen und das Flaniertrottoir der Glamourgrößen Hollywoods: Alle kamen sie, von Ava Gardner und Humphrey Bogart bis Liz Taylor und Greta Garbo. Heute kommen George Clooney, Kylie Minogue und Naomi Campbell. Die reichen Gäste von einst waren Reeder Aristoteles Onassis und Fiatboss Gianni Agnelli, heute heißen sie Bill Gates und Silvio Berlusconi.

MALEN STATT ZAHLEN

Jeder fängt klein an, auch der Maler Michele Cascella. Jedenfalls war er keinesfalls so berühmt wie heute, als er in den 1950ern eines Tages im Seghezzo in Santa Margherita Ligure seinen Einkauf tätigte. Die Gegend war für den Mailänder jahrzehntelang Wahlheimat und eine seiner wichtigsten Inspirationsquellen. Genauso das Seghezzo in Hafennähe, wo sich seit 1900 Spirituosen, Schokoladen, Kaffee, Gewürze, Kosmetika und Früchte aus der Gegend und aus Übersee bis unter die Decke reihen, man einen

Hoch her gehts beim Stadtderby vom CFC Genoa, Italiens ältestem Team, gegen Sampdoria

Schönes Beispiel für den wilden Stilmix zu Beginn des 20. Jhs.: die Villa Grock in Imperia

Kaffee oder ein Mittagsgericht bekommt, aber auch Alltägliches kaufen kann – eine Augenweide. Cascella hat sie eines Vormittags festgehalten, in seinen eigenwilligen groben Strichen, die am Ende fein die Atmosphäre wiedergeben. Damit wollte er seine Einkäufe bezahlen. Aber nichts da. Der Inhaber schrieb den Preis an. Wenige Jahre später war Cascella weltweit gefragt, heute sind seine Gemälde mit ligurischen Szenen Zigtausende Euro wert und in Paris, Brüssel und London zu sehen, in der Pinacoteca Civica in Savona – und eines davon als Kopie auf Pralinendosen im Seghezzo: die Vormittagsszene. Cascella hat sie der Familie Jahre später doch noch geschenkt. Aber den Einkauf hat er nie bezahlt.

PARADIES FÜR FENSTERPUTZER

Steinerne, dekorativ geschwungene Fenstereinrahmungen, Quadersteinfassaden, Nischen mit Skulpturen, Relieffriese, verschnörkelte Balkone, Säulen und überhaupt Fenster: So aufwendig schmückten die Ligurier seit dem 16. Jh., dem „goldenen Zeitalter", ihre Häuser – doch all dieser Dekor ist aufgemalt in meisterhafter Trompe-l'Œil-Technik. Man wollte zeigen, was man wert war, aber es gab auf den winzigen Siedlungsflecken zwischen Meer und Bergen keinen Platz für die Entfaltung von ausladenden Barock- und Renaissancepalazzi. Also malte man sie sich. Die Siedlungen wuchsen statt in die Breite in die Höhe, wie es die schönen Häuser von Camogli zeigen. Die gemalten Fensterreihen wurden geradezu Pflicht, um dem Gebäudewirrwarr einen einheitlichen Fassadeneindruck zu verleihen. Auch in Genuas Altstadt siehst du viele schöne Beispiele oder in Santa Margherita Ligure. In neuerer Zeit waren sie verblasst, zu teuer, zu pflegebedürftig, doch heute ist die Dekorfreude wieder da, engagierte Malermeister haben sich darauf spezialisiert und die Region Ligurien hat ein Gesetz zum Schutz der *facciate dipinte* erlassen. Selbst auf Neubauten tauchen inzwischen wieder gemalte Fenster auf. Eine andere Art der Bemalung findet man im Dorf Valloria 15 km landeinwärts von Imperia: Hier werden Künstler dazu eingeladen, die Haustüren des Dorfs als Leinwand zu nutzen. 130 Türgemälde sind so entstanden und damit ein Grund, Valloria zum Ziel eines Ausflugs zu machen.

SCHÖNE SCH***

Für ärgerliche Situationen gibt es Wörter. Deutsche würden in solchen Fällen wohl „Mist" oder „Sch ..." sagen, den Liguriern – und nur ihnen – kommt dann ein *bélin* über die Lippen. Dass es eigentlich Penis bedeutet, darüber sind sich die meisten einig. Wie das Wort in den ligurischen Dialekt gelangt ist? Eine Theorie: Es stammt von den Kelten, die in der Region gelebt und den Fruchtbarkeitsgott Belenos verehrt haben. Sie stellten ihn besonders gut bestückt dar und ehrten ihn mit phallischen Symbolen. Anstößig finden die Ligurier das Wort nicht: Sie nutzen es täglich, die Großen und auch die ganz Kleinen.

ARCHITEKTEN ALS ZUCKERBÄCKER

Zu manchen ligurischen Gebäuden fehlen einem die Worte. Man steht davor und versucht, ihre eigenwillige, verschachtelte Architektur einzuordnen. Ist das ein Mittelalterkastell mit arabischen Elementen? Romanische Rundbögen und wildes Rokoko? Ein Hauch Asien? Die Häuser: eines Magiers würdig. Die Villa Grock in Impe-

KLISCHEE KISTE

VAMPIRWIRTE

Nacht. Ein Schloss. Das Tor öffnet sich: ein Vampir. Gruselfans kennen die Szene aus „Nosferatu". Der ligurische Vampir ist aber weitaus unangenehmer: Er ist geizig, geldgeil, beleidigt den Gast, er grummelt den *mugugno,* ein leises Fluchen, unverständlich für den Nebenstehenden. Kurz: Der Vampir verkörpert ganz die ligurische Gastfeindschaft. Der Youtube-Clip „Tipica accoglienza ligure" ist seit Jahren ein Renner, selbst bei den Ligurern, die ihm einen gewissen Wahrheitsgehalt bescheinigen. Vor allem die jüngere Generation möchte dieses Klischee aber endlich loswerden.

GEIZ IST GEIL

Ein Genueser stürzt mit seiner eben gekauften Flasche Wein in der Hand, spürt Flüssigkeit unter sich und betet: „Lass es Blut sein." Hunderte Witze kursieren über die geizigen „Schwaben Italiens". In Genua entstand eines der frühesten Bankensysteme der Welt. Schon damals hieß es „Gold entsteht in der Neuen Welt, in Genua wird es begraben." Dann halfen die Genueser den Spaniern im Krieg gegen England und beim Aufbau der Armada. Spanien verlor, Genua verarmte – seitdem schauen die Genueser sehr genau drauf, wem sie ihr Geld anvertrauen. Angeblich.

ria oder das Castello Mackenzie in Genua sind tolle Beispiele für jenen eklektischen Architekturstil, der besonders Anfang des 20. Jhs. beliebt war: ein kruder Mix aus früheren Epochen und mehreren Kulturen. Abwertend nannte man ihn auch Zuckerbäckerstil – aller Dekor scheint künstlich und allzu deftig aufgetragen. Den Briten, die die Rivieraküste als ihren *place to be* auserkoren hatten, gefiel's und der italienische Architekt Gino Coppedè tobte sich aus.

NUR NOCH KURZ DIE WELT RETTEN

Ligurien kann mit einem in ganz Europa gerühmten Beispiel für umweltbewusstes Leben aufwarten: Im Varatal oberhalb der Levanteküste hat man sich ganz auf biologische Landwirtschaft spezialisiert *(biodistrettovaldivara.it)*. Alle ziehen an einem Strang, Landwirte, Viehzüchter, Imker. Obst und Getreide werden biologisch angebaut, die autochthonen Rinderrassen biologisch und artgerecht gehalten, Schweine kommen raus aus dem Stall und dürfen auf Wiesen und im Wald streunen, Schafe und Ziegen sowieso – entsprechend ist auch die Käseproduktion bio. Seit ein paar Jahren findet im mittelalterlichen Städtchen Varese Ligure jeden Juni ein Biofestival statt. Hier steht auch das größte Windkraftwerk Italiens. Das Ökodorf Torri Superiore *(torri-superiore.org)* oberhalb von Ventimiglia am Fuß der Seealpen ist eine pittoreske Ansammlung grauer Steinhäuser aus dem Mittelalter. In den 1990er-Jahren restaurierte es eine Gruppe von Bürgern nach Kriterien der Bioarchitektur. Heute bewohnen sie es, betreiben biologische Eigenversorgung, empfangen Gäste und versuchen, in Seminaren, Initiativen und im Austausch mit anderen Ökodörfern neues Knowhow für die Zukunft zu erlangen.

LEGENDÄRE LIEDERMACHER

Es sind die 1960er, die Beatles und die Stones erobern die Welt, ganz Italien rockt. Ganz Italien? Nein, in Genua machen die Künstler ihr eigenes Ding. Sie schreiben Lyrik und vertonen ihre Texte jeder in sehr feinem, eigenem Stil, inspiriert vom französischen Chanson – und begeistern das ganze Land. Die Italiener halten viel auf ihre *cantautori*, ihre Liedermacher. Der größte unter ihnen war der 1999 gestorbene Fabrizio De André, der bis heute die Otto Normalhörer genauso bezaubert wie die Literaturkritiker, die ihn für einen der größten zeitgenössischen Dichter Italiens halten, wenn er – manchmal im Dialekt – vom Straßenleben in Genuas Altstadt erzählt, vom Meer. Der legendäre Schallplattenladen Gianni Tassio in der Via del Campo im historischen Zentrum von Genua hat eine so große Sammlung von Platten und Erinnerungsstücken zu De André und Konsorten angehäuft, dass er zum Musikmuseum *Via del Campo 29 rosso (Do–So 10.30–12.30 und 15–19 Uhr)* mutiert ist. Mittlerweile ist die ligurische Szene feminin geworden, aber Sängerinnen wie Valentina Amandolese, Chiara Ragnini und Marcella Garuzzo

INSIDER-TIPP
Ton-Tempel für Musiknostalgiker

Tropfsteinhöhle Toirano: Hier hauste der Höhlenbär – vor 100 000 Jahren

spielen nur regional eine Rolle. Die *cantautori* von heute kommen aus Rom, Bologna und Bari und mixen Pop, Jazz und Funk. Was ist nur los mit den Genuesern? Die machen wieder ihr eigenes Ding: Die Stadt gilt als heimliche Hauptstadt des Trap, eines Mixes aus Hiphop und Rap, mit Künstlern und Bands wie Tedua, Izi, Bandana, Drilliguria und Amici Miei.

HÖHLENLEBEN

In Ligurien hat man einzigartige Spuren menschlichen Lebens gefunden, die bis zu 240 000 Jahre zurückreichen, in die Steinzeit, in der Grotten und Höhlen den ersten Menschen als Lebensraum dienten. So etwa im Hinterland der Riviera di Ponente in den phantastischen Tropfsteinhöhlen von Toirano, in denen man Fuß- und Knieabdrücke, Reste von Fackeln und Krallenspuren des Höhlenbärs – alles mindestens 100 000 Jahre alt – gefunden hat. Die spektakulärsten Funde menschlichen Lebens sind die bis zu 85 000 Jahre alten Skelettreste in den Grotten in den Kalkfelsen der Balzi Rossi unweit von Ventimiglia an der Grenze zu Frankreich sowie die Tausende von steinzeitlichen Ritzzeichnungen am Monte Bego, heute jenseits der Grenze auf französischem Gebiet gelegen. Die meisten stellen Tiere dar, aber auch Waffen und Szenen des alltäglichen Lebens. Einige Abdrücke dieser Ritzzeichnungen kann man in Bordighera im Museo Bicknell sehen.

Pool oder Strand? Ein Riviera-Urlaub ist nichts für Entscheidungsschwache

ESSEN & TRINKEN

Die ligurische Küche hat ein paar Besonderheiten, die man nur hier zu essen bekommt. Schon die Tatsache, dass hier Land und Meer eng aufeinander stoßen und damit eine *cucina di terra e di mare* schaffen, zeichnet sie aus.

DIE KÜCHE FÜR ALLESGENIESSER

Dem bergigen Land hat man durch Terrassenbau kleine Ackerflächen abgerungen für Obst, Wein, Oliven, Gemüse und Kräuter und für Kleinvieh wie Kaninchen, Geflügel, Ziegen. Alles wird genutzt: aus den Wäldern Schnecken, Pilze und Kastanien, aus dem Meer Tintenfische und Sardinen. Wer also Ferien an der Riviera macht, sollte das nutzen und sich nicht nur mit Pizza zufriedengeben. Probier stattdessen die Focaccia, einen würzigen, oft mit Käse gefüllten, gebackenen Fladen. Als *sardinaira* ist er mit Sardellen gewürzt.

NEONGRÜNE LEIBSPEISE

Weltberühmt ist der Pesto *alla genovese*, die grüne Paste aus Basilikum, Olivenöl, Pinienkernen, Knoblauch und geriebenem Käse, die man zu Nudeln isst, etwa zu den *trofie,* unregelmäßig gezwirbelten Pastawürmchen, oder zu den *trenette,* schmalen Bandnudeln. Basilikum ist die Hauptzutat und das in Ligurien angebaute Basilikum gilt als das beste, vor allem wenn es von den mit Pferdemist gedüngten Beeten und Gewächshäusern von Pra bei Genua kommt. Kleinblättrig muss es sein, also jung geerntet werden. Manchmal mischt man unter den Pesto auch eine zerdrückte Kartoffel oder ein paar Stückchen frische Bohnen. Im Glas verliert guter Pesto kaum an Aroma, ist also das ideale Liguriensouvenir.

WÜRZE MIT SONNENAROMA

Überhaupt würzen jede Menge duftende Kräuter die Gerichte: Basilikum,

Saftig, würzig, billig: Ein Stück *farinata* ist das perfekte Streetfood (li.)

Oregano, Thymian, Minze, Salbei, Zitronenmelisse, Bohnenkraut, Rosmarin, fast alle Einheimischen haben in ihren kleinen Gärten Kräuterbeete oder Töpfe auf den Balkonen, vor den Hauseingängen. Neben Kräutern und Gemüse – Artischocken, besonders gut aus der Gegend um Albenga, Auberginen, Zucchini, Fenchel, Tomaten, Paprika – spielen Hülsenfrüchte eine wichtige Rolle: Aus dem Mehl von Kichererbsen macht man die typische *farinata,* einen flachen Fladen, den man am besten frisch gebacken und noch warm direkt auf die Hand kauft. Von Feinschmeckern geschätzt werden die hellen Bohnen aus Badalucco und Pigna. Überall widmet man diesen Spezialitäten Schlemmerfeste, *sagre* genannt.

DELIKATESSEN AUS DEM MEER

Und natürlich findet man alles, was aus dem Meer kommt, auf dem Teller wieder: Krustentiere wie Scampi und Krebse, Herz- und Miesmuscheln und vor allem Tintenfische und Kraken *(moscardini, polpi, seppie),* Sardinen *(sarde)* und Sardellen *(acciughe).* Die Sardellen aus dem Tyrrhenischen Meer sind größer als die aus der Adria; sie sind es dann auch, die in Monterosso in den Cinque Terre durch eine bestimmte Art der Einsalzung zu einer Delikatesse werden, die man gern als Antipasto isst. Edelfische wie Goldbrasse *(dorata),* Wolfsbarsch *(branzino)* und Schwertfisch *(pesce spada)* werden meist auf dem Grill zubereitet oder *al cartoccio,* in Folie oder Pergament, gedünstet.

KULINARISCHE WIEDERENTDECKUNG

Ein Gericht aus alten Zeiten, als man die Schlichtheit der Zutaten mit aufwendigen Rezepten schmackhaft aufzuwerten wusste, ist *brandacujun,* ein

Auflauf aus Stockfisch, Kartoffeln, Eiern und Pinienkernen. *Stoccafisso,* der getrocknete Kabeljau, und *baccalà,* seine in Salz konservierte Variante, verweisen auf die Seefahrerküche und ihre Nahrungskonservierung auf den langen Schiffsfahrten. Den *baccalà* bekommst du, stückweise frittiert, in den *friggittorie* in der Altstadt Genuas – eine Delikatesse. Beim dreitägigen kulinarischen Event *Slow Fish (slow fish.slowfood.it)* im Porto Antico in Genua im Mai genießt du nicht nur fair gefischte frische Fische und Meeresfrüchte bei exzellenten Weinen und Cocktails, du kannst auch einiges über die Zubereitung lernen.

INSIDER-TIPP
Fair gefischt

SPEZIALITÄTEN VON DER ALM

Aus dem Landesinnern kommen Fleischgerichte wie gefüllter Kalbs- oder Rinderbraten oder gebratenes Kaninchen. Die beste Salami kommt aus Sant'Olcese oberhalb von Genua. Sie wird ganz langsam über Holzkohlenfeuer getrocknet, was ihr ein leicht rauchiges, besonders würziges Aroma verleiht. Von den Almen aus den Bergen kommen schmackhafte Kuhmilchkäse, aber auch Frischkäse aus Ziegen- und Schafsmilch.

SCHOKO MIT KUSS

Und für die Süßmäuler gibt es Pralinen, kandierte Früchte, mit Schokolade überzogene Datteln, Feigen, Orangenstreifen; die Schoko-Nuss-Pralinen heißen in Alassio und Genua *baci,* „Küsse". Berühmt sind die Mandelmakronen aus dem Raum Savona, die *amaretti di Sassello.*

WEINGENUSS IN AMBRA

Die steilen Hänge Liguriens bieten wenig Raum für einen ausgiebigen Weinanbau; so werden die heimischen Weine vornehmlich vor Ort getrunken. Die in Ligurien angebauten Reben sind heimische Sorten, das sorgt für recht individuelle Weine. Das größte Weinbaugebiet befindet sich im Hinterland von Imperia, hier wachsen die Weißen Vermentino und Pigato, der Rosé Rosa di Albenga und oben bei Dolceacqua der rote Rossese di Dolceacqua. Von den steilen Terrassen der Cinque Terre kommen ein herber, frischer Weißer, neuerdings auch als perlender Spumante, sowie der ambrafarbene Dessertwein Sciacchetrà. Er ist eine echte Kostbarkeit – und entsprechend teuer –, seine Trauben werden seit Jahrhunderten angebaut, von Hand verlesen und an der Sonne getrocknet, um schließlich aus ihnen diesen edlen Tropfen mit schwerer, alkoholstarker Süße zu keltern.

Bei Savona wächst der Chinotto, eine kleine, runde, fast ungenießbar bittere Zitrusfrucht, aus der man den gleichnamigen Softdrink gewinnt, dunkel, bittersüß und erfrischend – die italienische Cola ist heute wieder groß in Mode.

INSIDER-TIPP
Die bittersüße Hipster-Limo

Zu guter Letzt: Auf der Rechnung erscheint in Italien als eigener Posten der Brot- und Gedeckpreis *(pane e coperto),* ab ca. 2 Euro pro Person, bei etwas edleren Lokalen manchmal sogar noch ein Serviceaufschlag. Beides muss aber an der aushängenden Speisekarte ausgeschrieben sein.

Unsere Empfehlung heute

Antipasti

TORTA DI VERDURA
Aus vielerlei Gemüsesorten wie Spinat, Mangold und Artischocken geschichtete Torte

LUMACHE ALLA LIGURE
Mit Tomaten und Steinpilzen gekochte Schnecken aus den Bergen bei Molini di Triora

INSALATA DI POLPO
Oktopussalat

CAPPON MAGRO
Mix aus Gemüse, Fisch und Krustentieren in einer Sauce aus Sardellen, Oliven, Pinienkernen, Kapern und Knoblauch

Primi Piatti

CIUPPIN
Suppe aus passiertem Fisch

MESCIUA
Suppe aus weißen Bohnen, Kichererbsen und Getreidekörnern

PANSOTI CON SALSA DI NOCI
Mit Blattgemüse, Parmesan, Ricotta und Kräutern gefüllte Teigtaschen mit einer Sauce aus gehackten Walnüssen

Secondi Piatti

MUSCOLI RIPIENI
Mit einem Mus aus zerkleinerten Muscheln, Parmesan, Eigelb und Oregano gefüllte Miesmuscheln

MOSCARDINI AFFOGATI
Gedünstete kleine Tintenfische

FRITTO MISTO DI MARE
Frittierte Fischchen und Meeresfrüchte

STOCCAFISSO ACCOMODATO
Mit Oliven, Pinienkernen und Kartoffeln gekochte Stockfischstückchen

CIMA RIPIENA
Mit Kalbsinnereien, Gemüse, Käse und Kräutern gefüllte Kalbsbrust

CONIGLIO IN UMIDO
In Weißwein und Olivenöl geschmortes Kaninchen mit Pinienkernen, Rosmarin, schwarzen Oliven und Knoblauch

Dolci

CASTAGNACCIO
Kuchen aus Kastanienmehl

PANDOLCE GENOVESE
Mit kandierten Früchten, Nüssen und Likörwein gewürzter Kuchen

SHOPPEN & STÖBERN

In den Ferien hat man endlich mal Zeit für den Schaufensterbummel – Boutiquen mit den begehrten italienischen Marken gibt es überall längs der Riviera. Ein Tipp für Autoreisende: Viele Topmarken zu gutem Preis gibt es im riesigen Outletcenter Serravalle Scrivia 40 km von Genua an der A 7 nach Mailand.

KRÄUTER UND MEHR IM KOFFERRAUM

Ideale Mitbringsel sind die in Olivenöl eingelegten Artischocken, Pilze, Auberginen. Besonders engagierte Liebhaber ligurischer Küche wagen es sogar, im Frühsommer vor der Heimreise das Auto mit Töpfen voller Kräuter zu beladen, allen voran das ligurische Basilikum. Dazu besorgt man sich dann – fürs Pesto – auch gleich den Marmormörser und den Stößel aus Buchenholz. Natürlich bekommt man überall fertigen Pesto, unter einer Schicht Olivenöl hält er sich lange aromatisch frisch. Auch Weinkenner werden fündig: Adressen von Winzerbetrieben mit Direktverkauf bekommst du in den Fremdenverkehrsämtern, oder du lässt dich in einer gut sortierten Weinhandlung *(enoteca)* beraten. Das ligurische Olivenöl ist dank seines säurearmen, milden Aromas weltweit beliebt, allen voran das aus den Oliven von Taggia. Da liegt es nahe, sich mit ein paar Litern einzudecken, kanisterweise kann man es kaufen. In den Fremdenverkehrsämtern von Imperia, Oneglia oder Rapallo bekommst du die Adressen von Ölmühlen *(frantoi)* – oder unter *blumenriviera.de/olivenoel-ligurien/olivenmuehlen.*

MIT SAMT UND SPITZE

Klassische (Kunst-)Handwerkserzeugnisse sind die Spitzen in Rapallo, Geklöppeltes in Santa Margherita Ligure und Portofino, wunderschöne Samt-

Machen als Öl Karriere, sind aber auch als Snack wunderbar: die kleinen Taggiasca-Oliven (re.)

stoffe in Zoagli, feine mundgeblasene Glasgefäße in Altare im Hinterland von Savona. In der Val Fontanabuona, dem Tal des Schieferabbaus, findest du elegante Schalen, Platten, Aschenbecher aus dem schönen, dunklen Schiefergestein. Und dann natürlich Keramik: Die Keramikhochburg ist Albisola bei Savona, doch bekommt man Keramik überall an der Riviera, oft ziemlich bunt und kitschig, aber wer sucht, wird auch hier geschmackvolle Stücke finden. Kunsthandwerkermärkte beleben in der Saison den abendlichen Bummel in vielen Badeorten.

BUMMELMEILEN FÜR GENIESSER

Jeder Ort hat seinen Wochenmarkt mit Klamotten, Haushaltsgegenständen usw., der größte und vielfältigste – und entsprechend stark besuchte – jeden Freitag in Ventimiglia. Jeder Ort hat aber auch seinen täglichen Gemüsemarkt – der schönste ist der Mercato Orientale in Genua. Hinzu kommen die beliebten Trödel- und Antiquitätenmärkte, zwei besonders gute sind der in Chiavari am zweiten Wochenende und der in Sarzana am zweiten Sonntag im Monat.

IRRE SCHICK UND MEGA-IN

Dass man in Alassio, Finale Ligure, Sanremo, Santa Margherita Ligure (und natürlich in Genua) in Sachen Mode fündig wird, versteht sich, das gehört zu einem angesagten Badeort dazu. Ein Tipp sind in Genuas Altstadt die besonders gut bestückten Vintageläden, hochwertige Secondhandmode von den Fünfziger- und Siebzigerjahren bis heute. Und in Lerici lohnt das Stöbern auf dem Samstagsmarkt mit Markenware zu Schnäppchenpreisen, im Winter Kaschmir, im Sommer Bademode.

INSIDER-TIPP
Outdoor-Outlet

SPORT

***Mare e monti,* das Meer und die Berge, beherrschen die ligurische Riviera und ermöglichen praktisch jede Art von sportlicher Aktivität.**

WANDERN

★ Wandern auf alten Maultierpfaden oder steinernen Terrassenwegen durch duftende mediterrane Macchia oder weiter oben in der alpin anmutenden Bergwelt, dabei immer wieder mit großartigem Weitblick bis zum Meer: Das gehört zu den Highlights eines Ligurienurlaubs. Für jeden Anspruch gibt es geeignete Wandertouren, besonders beliebt sind die Cinque Terre und die Halbinsel von Portofino, aber auch die hoch gelegenen Naturparks: der Parco Regionale degli Alpi Liguri oberhalb von Sanremo, der Parco Monte Beigua oberhalb von Savona sowie der Parco dell'Antola und der Parco dell'Aveto oberhalb der Riviera di Ponente, alle mit einem dichten Netz an Wanderwegen. Sie werden von den örtlichen Sektionen des CAI, des Italienischen Alpenvereins, gepflegt. Hilfreich bei der Planung von Wanderungen ist die Website *italienwandern.de*. Auch finden sich auf den ligurischen Tourismusportalen Routen und Karten zum Herunterladen. Zudem werden von lokalen Wandervereinen viele Wandertermine angeboten, Infos dazu in den örtlichen Fremdenverkehrsbüros oder Parkverwaltungen.

Den eigentlichen Höhepunkt bildet die *Alta Via dei Monti Liguri (short.travel/lig10, altaviainfoh24.com).* Sie reicht von Ventimiglia an der französischen Grenze bis nach Ceparana an der Grenze zur Toskana. Die 440 km lange Route, die dem Gebirgskamm der ligurischen Alpen folgt und in 44 Tagesetappen aufgeteilt ist, ist mit Berghütten versehen und bietet immer wieder herrliche Weitblicke.

An den Kalkwänden bei Finale Ligure trifft sich halb Europa zum Klettern

FREECLIMBING

Die Kalkwände bei Finale Ligure gelten in der europäischen Freeclimberszene als besonders schön und abwechslungsreich: Mehr als 1500 Kletterrouten finden sich hier. Klettern kann man auch im oberen Argentinatal oberhalb von Sanremo, in der Val Pennavaira oberhalb von Albenga, an der Levante bei Sestri Levante und an den Felsen von Muzzerone, die sich spektakulär direkt über dem tiefblauen Meer zwischen Portovenere und den Cinque Terre erheben. Tourenführer in Finale findet man über die italienische Website *blumountain.it* und auf *turismo.comunefinaleligure.it* auf Englisch.

FAHRRADFAHREN

Für viele gute Hotels gehört es heute fast schon zum Standard, ihren Gästen Fahrräder zu Verfügung zu stellen, gratis oder gegen Gebühr. Eine mittlerweile berühmte Radstrecke *(pistaciclabile.com)* findet sich längs der Küste an der Ponente zwischen Sanremo und San Lorenzo al Mare Richtung Imperia; sie nimmt den Platz einer stillgelegten Eisenbahnstrecke ein. Solche Umwandlungen sind auch an anderen Stellen der Küste geschehen, z. B. bei Levanto, und weitere sind in Planung. Die Fremdenverkehrsämter halten reichhaltiges Material zu Radausflügen bereit.

MOUNTAINBIKING

Die Berge im Hinterland der Riviera auf dem Mountainbike zu erkunden ist nicht nur bei Touristen, sondern auch unter den Einheimischen sehr beliebt. Die zahlreichen MTB-Routen Liguriens führen über Forstwege und alte Maultierpfade, über ausgezeichnete Wanderwege, durch Wälder und über Hangwiesen. Die Fremdenverkehrsämter helfen mit Infos und Adressen zu MTB-Routen und Radverleih. In den Lokalzügen ist die Mitnahme von Rädern erlaubt.

Eine sehr beliebte MTB-Gegend ist das Gebiet um Finale Ligure mit Websites zum Thema *(finaleligurefreeride.com, finaleligure-bikeresort.com)*, die über Trails, Unterkünfte und Werkstätten informieren. Hinzu kommen ein exzellent ausgestatteter Outdoorshop in Finalborgo *(Piazza Garibaldi | rock store.it)* sowie ein internationales MTB-Treffen alljährlich am dritten Maiwochenende *(24hfinale.com)*. Wer ein gutes Rad braucht, neu oder gebraucht, dem sei der Laden *Goodbike (Via Untoria 25r | goodbikecicli.it)* in Savona empfohlen. Aber auch im Hinterland von Sanremo sowie im Naturpark Montemarcello-Magra bei Lerici sind Strecken gut ausgewiesen.

KITE- UND WINDSURFEN, SUP & SEGELN

An guten Tagen wimmelt es nur so von weißen Segeln vor der Rivieraküste, im Hochsommer herrscht dagegen häufig Flaute. Praktisch jeder größere Badeort verfügt über einen Sporthafen und es gibt über 60 Segelvereine, von denen zahlreiche auch Segelkurse anbieten sowie Boote jeder Art und Größe verleihen. Im Herbst und Frühjahr weht häufig der Libeccio aus Südwest – ideal für die Windsurfer und Kiter, die sich am Strand von Imperia treffen. Varigotti, Varazze und Levanto sind drei beliebte Spots. Brettverleih und Unterricht findet man an vielen Stränden sowie vielerorts Bretterverleih fürs Stand-up-Paddling. In manchen Sportschulen gibt es auch SUP-Einführungskurse für eine gesunde Haltung und optimales Workout beim Übers-Wasser-Gleiten.

TAUCHEN

Die ligurische Küste ist dank ihrer felsigen Beschaffenheit ein Taucherparadies; fast überall geht es nach wenigen Metern schon rasch in die Tiefe. Besonders schöne Unterwasserwelten finden sich z. B. bei Ventimiglia. Unter Wasser erstrecken sich an den Balzi Rossi weite Seegrasfelder. Mystisch und verträumt anzuschauen, bieten sie Lebensraum für zahlreiche Tierarten. Am Inselchen Isolotto di Bergeggi südwestlich von Savona können Taucher in 35 m Tiefe Stalaktiten und Stalagmiten bestaunen. Traumhafte Meeresgründe bietet die Levanteküste, vor allem um die Halbinsel Portofino, vor der Küste der Cinque Terre und im Golf von La Spezia. Der Meeresgrund vor Portofino und vor den Cinque Terre steht unter Naturschutz. Tauchschulen *(scuola sub, diving center)* mit Ausrüstungsverleih finden sich in allen größeren Badeorten, schau auf die Website *blumenriviera.de/sport-ligurien/tauchen*.

INSIDER-TIPP
In die Wiese tauchen

WILDWASSERSPORT

Im Hinterland der Ponente rauschen klare Wasserfälle in unberührte Schluchten – und die Ligurier stürzen sich mitten in diese Wildnis: kletternd, rutschend, schwimmend, tauchend oder am bloßen Seil gleitend. Canyoning ist Trend und es gibt Touren auch für Anfänger *(blumenriviera.*

INSIDER-TIPP
Guten Rutsch!

de/sport-ligurien/canyoning). Auch beim Kajakfahren, Rafting und Streambed Trekking finden sich in den ligurischen Bergtälern mit ihren Sturzbächen beste Möglichkeiten für alle, die es mit diesen Wassergewalten aufnehmen möchten. Besonders beliebt sind die Bergflüsse Argentina oberhalb von Sanremo und Vara oberhalb von La Spezia.

GOLF

Golf ist sehr angesagt, in Sanremo spielt man auf einem der traditionsreichsten Golfplätze Italiens, der schon 1932 angelegt wurde: *Circolo Golf degli Ulivi (18 Löcher | Strada al Campo da Golf 59 | Tel. 01 84 55 70 93 | golfsanremo.com).* Ein schöner Platz für Anfänger wie Experten liegt in Garlenda oberhalb von Albenga: *Golf Club Garlenda (18 Löcher | Via del Golf 7 | Tel. 01 82 58 00 12 | garlendagolf.it).* Inmitten eines Pinienwalds liegt der *Golfclub von Arenzano (9 Löcher | Piazza del Golf 2 | Tel. 01 04 71 42 20 | golfarenzano.it)* mit Tennis und Pool. Landschaftlich besonders reizvoll ist der *Circolo Golf Rapallo (18 Löcher | Via Mameli 377 | Tel. 01 85 26 17 77 | golfetennisrapallo.it).* Die Websites *blumenriviera.de/sport-ligurien/golf-plaetze* und *1golf.eu/golfclubs/italien/ligurien* listen alle Golfangebote auf.

PARAGLIDING & DRACHENFLIEGEN

In der Luft über die Steilküsten segeln – man kann sich kaum ein atemraubenderes Szenario vorstellen. An der Riviera di Ponente wie an der Levante gibt es Flugschulen, z. B. den Verein der Freunde des Outdoorsports in Ligurien *(liguriadventure.it).*

Segeln, surfen, tauchen: Ligurien stellt Wassersportler vor die Qual der Wahl

DIE REGIONEN IM ÜBERBLICK

Po
Trébbia
ITALIA
Taro
Das Land der märchenhaften Buchten, Steilküsten und Weinberge
GENUA S. 68
RIVIERA DI LEVANTE S. 82
Die sprudelnden Subkulturen der noblen Multikulti-Hafenstadt entdecken
La Spezia
CINQUE TERRE S. 108
GOLFO DI GENOVA
Zwischen bunten Piratendörfern und einzigartiger Terrassenlandschaft
15 km
9.32 mi

RIVIERA DI PONENTE

WELLEN REITEN UND GIPFEL STÜRMEN

In Bordighera, Sanremo, Alassio stehen immer noch schöne alte Nobelhotels und Sommervillen in schattigen Parks, Überbleibsel aus den Anfängen jener Orte als Sommerfrische der europäischen Adelsgesellschaft Ende des 19. Jhs. Auch wenn längst alles sehr touristisch geworden ist, hat die Ponente einladende, bunte Badeorte und die besten Sandstrände Liguriens zu bieten.

Zwischen Ventimiglia an der französischen Grenze und Imperia nennt sie sich *Riviera dei Fiori (rivieradeifiori.info),* Blumenküste –

Ein grünes Gesamtkunstwerk aus Natur und Gartenkunst: Giardini Botanici Hanbury

das zeigt sich in blühenden Gärten und in den zahlreichen Gewächshäusern. Zwischen Alassio und Savona heißt sie *Riviera delle Palme (provincia.savona.it/turismo),* Palmenküste – da denkt man gleich an die typischen, palmengesäumten Strandpromenaden.

Im Juli und vor allem im August wird es voll und teuer, da empfehlen sich die gemütlichen Dörfer im bergigen, kühlen Hinterland. Und wer Glück hat, kann bei einem Whalewatching-Ausflug vor der Ponenteküste einen stattlichen Wal sichten.

RIVIERA DI PONENTE

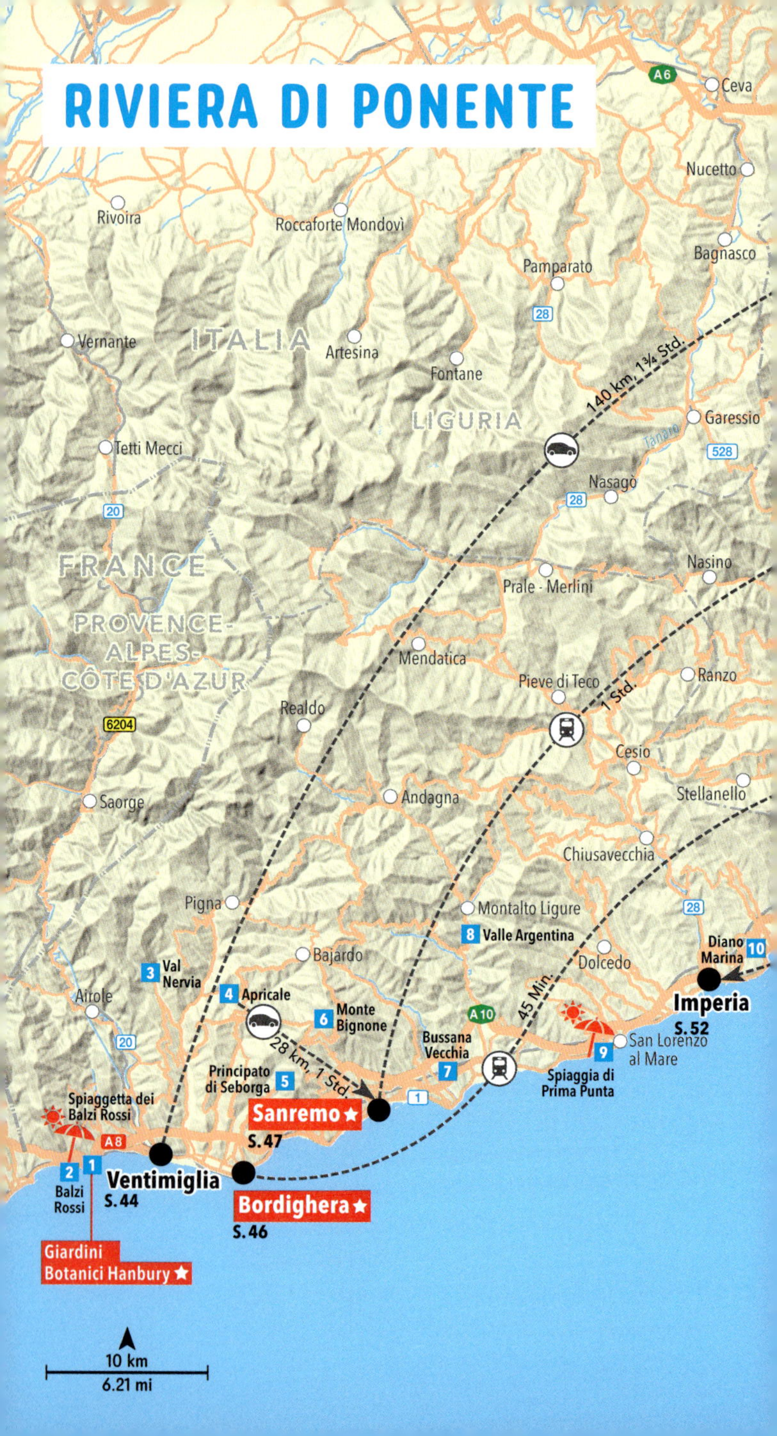

MARCO POLO HIGHLIGHTS

★ **FINALE LIGURE**
Die sportlichste Stadt Liguriens ist ein Topziel für Wanderer, Taucher, Freerider, Kletterer ➤ S. 59

★ **NOLI**
Vor der Kulisse des Kaps lädt die einstige Seerepublik in ihre uralten Mauern ein ➤ S. 63

★ **GIARDINI BOTANICI HANBURY**
Bei Ventimiglia der schönste aller Paradiesgärten der Riviera ➤ S. 44

★ **SANREMO**
Das ist die ehemalige (und jetzige) Ponente pur ➤ S. 47

★ **BORDIGHERA**
Malerisch italienisch, wohin man blickt – fanden auch Künstler wie Claude Monet ➤ S. 46

★ **GROTTE DI TOIRANO**
Spuren von Bären und Menschen der Steinzeit zwischen phantastisch geformten Tropfsteinen ➤ S. 62

★ **ALBISSOLA MARINA & ALBISOLA SUPERIORE**
Museen, Skulpturen, Souvenirs und das Keramikkunstpflaster am Lungomare ➤ S. 66

VENTIMIGLIA

(🕮 C7) **Eine typische Grenzstadt (23 000 Ew.) mit viel Durchgangsverkehr, die Franzosen kommen in Scharen von der teuren Côte d'Azur zum Einkaufen, vor allem am Freitag zum ganztägigen Wochenmarkt, einem der reichhaltigsten Italiens.**
Westlich des Flusses Roja steigt der Altstadthügel an, Brücken verbinden die wenig attraktive Neustadt mit dem alten Kern. Die Stadt mausert sich: Mit gepflegten Strandpromenaden an den Kiesstränden und Fußgängerzonen zum Bummeln versucht man nun verstärkt auch Badeurlauber anzuziehen.

ESSEN & TRINKEN

BOOKAFFÈ

Bücher, frische Tagesküche, Cappuccini, Cocktails: ein sympathisches Café in der zentralen Fußgängerzone. *Mo geschl. | Via Hanbury 2 | Tel. 34 79 60 45 77 | €*

STRÄNDE

Nach Westen hin erstrecken sich kleine, größtenteils freie Sandstrände: zunächst die naturbelassene – aber mit Toiletten versehene –, schöne *Spiaggia Le Calandre,* dann die *Spiaggia di Latte* mit der Villa Eva im Liberty-Stil, Restaurant, Bar und Pool. Noch weiter westlich folgt als letzter Strand vor der Grenze die *Spiaggetta dei Balzi Rossi:* ein Küstenabschnitt mit warmen Felsen, auf denen du dich gut sonnen, aber auch ein wenig balancieren und vor denen du zu weichen Seegrasfeldern tauchen kannst. Der Name kommt von der rötlichen Färbung der Kalkfelsen, das Meer ist so glänzend blau wie an der benachbarten Côte d'Azur. Im exklusiven Strandbad *La Spiaggetta dei Balzi Rossi (tgl. | Strada Romana Antica | Tel. 01 84 22 70 20 | balzirossi.it | €€€)* zwischen den Felsen isst man gut und bei herrlichem Panorama.

RUND UM VENTIMIGLIA

1 GIARDINI BOTANICI HANBURY ★

6 km westlich von Ventimiglia/ 10 Min. über die SS 1

Angehende Gärtner und Botaniker reißen sich um ein Praktikum in diesem Pflanzenparadies. Die Brüder Thomas und Daniel Hanbury aus England haben diesen berühmten Terrassengarten mit herrlichem Panorama auf 18 ha ab 1867 angelegt: eine einzigartige Mischung mediterraner und exotischer Vegetation aus Europa, Asien, Lateinamerika und Afrika. Auf schattigen Wegen spaziert man den Hang hinunter bis ans Meer. *Mitte Juni–Mitte Sept. tgl. 9.30–19, März–Mitte Juni und Mitte Sept.–Mitte Okt. 9.30–18, Mitte Okt.–Feb. Di–So 9.30–17 Uhr | Corso Montecarlo 43 | La Mortola | giardinihanbury.com | ⏲ 1½ Std. | 🕮 B7–8*

2 BALZI ROSSI

8 km westlich von Ventimiglia/ 15 Min. über die SS 1

In den insgesamt neun *Grimaldi-Grotten* direkt am Meer vermitteln zahllose prähistorische Wandzeichnungen, wie die Menschen in der Steinzeit gelebt und gedacht haben. Man gelangt zu einem Großteil der Grotten durch das *Museo Preistorico dei Balzi Rossi (Di–So 8.30–19.30 Uhr, Grotten bis 1 Std. vor Sonnenuntergang und nur bei gutem Wetter | short.travel/lig11)*. B8

3 VAL NERVIA

15 km bis Rocchetta Nervina nördlich von Ventimiglia/30 Min. über die SP 64 und SP 68

Ein beliebtes Ausflugsziel ist dieses Tal oberhalb von Ventimiglia, das hinauf in die Berge führt zu malerischen mittelalterlichen Ortschaften, die mit B-&-B-Unterkünften und Landgasthäusern zu einem Besuch einladen. Hier weit oben im Apennin bestimmen dichte Wälder und steile Felshänge die Landschaft, dazu klare Flüsschen, Schwefelquellen und Tropfsteinhöhlen.In den Grotten bei *Rocchetta Nervina (Info und Anmeldung Tel. 3281237029 und in der Touristinfo von Rocchetta Nervina | rocchetta nervina.com/turismo/ grotte)* musst du schon mal auf Knien weiterkrabbeln, um zu den versteckten Tropfsteinparadiesen zu kommen – angeleitet von einem Führer des *Clubs Speleo del Cai di Bordighera.*

INSIDER-TIPP
Das große Krabbeln

Entlang der Flüsschen und in klaren Bergseen findest du viele Gelegenheiten, mal richtig einzutauchen, oder du wanderst ungestört auf alten Maultierpfaden. Das *Centro Equestre Val Nervia (Via Udine | ippicavalnervia.it)* in *Camporosso* führt auch Ausritte für

Rauschende Flüsse und alte Maultierpfade: Das Nerviatal ist ein herrliches Ausflugsziel

Nur wenige Kilometer ins Hinterland und du bist in einer ganz anderen Welt: Bergdorf Apricale

Anfänger und Fortgeschrittene. Es gibt Routen für Mountainbiker und fürs Canyoning mit versierten Führern. Beim Festungsdorf *Dolceacqua,* bekanntes Winzerzentrum für den Rotwein Rossese, verbindet eine kühn geschwungene, alte Brücke die Ufer des Nervia – berühmtes Motiv auf dem Gemälde „Die Burg von Dolceacqua" von Claude Monet. Wanderer und Outdoorsportler starten von Dolceacqua in die Bergwelt. Unterhalb der Burg am Dorfrand serviert der *Agriturismo I Gumbi (Mo und außer Fr–So mittags geschl. | Via San Biagio 7 | Tel. 33 36 53 00 88 | igumbi.it | €€)* in seinen malerischen Gewölben und unter Baldachinen im Freien köstliche Raritäten der ligurischen Küche. *C7*

4 APRICALE

15 km nördlich von Ventimiglia/ 30 Min. über die SP 64 und SP 63

Das uralte Dorf klebt an den Steilhängen des Apennins. Die Festungskirche *Madonna degli Angeli* und die Burg mit dem klingenden Namen *Castello della Lucertola* – Eidechsenburg – mit ihren prunkvollen Gewölben entstanden schon um das Jahr 1000. Der Blick auf das Dorf und von dort aus in die Umgebung ist so schön, dass Künstler und Poeten reihenweise in Begeisterung ausgebrochen sind, was ihm das Etikett „Künstlerdorf" eingebracht hat sowie zahlreiche bunte *murales* – Wandgemälde an Türen und Mauern. *C7*

BORDIGHERA

(C8) **Das ★ Städtchen voller Palmen (10 000 Ew.) ist das erste an der Riviera, in das die britischen Sonnensucher ab Mitte des 19. Jhs. einzogen.**

Auch Maler kamen, Claude Monet soll hier zwischen Meer, mediterraner und tropischer Flora eine künstlerische Offenbarung erlebt haben. Auf den Anhöhen in Panoramalage entstanden elegante Villen und Hotels in üppigen exotischen Gärten. Zum Flanieren lädt die Promenade *Lungomare Argentina* mit herrlichem Weitblick ein. Die Altstadt – 1471 gegründet, mit Turmhäusern, engen Gassen und solider Ringmauer – nistet küstennah oberhalb des Capo Sant'Ampelio.

SIGHTSEEING

GIARDINO ESOTICO PALLANCA

Im Klima der Ponente gedeiht selbst Tropisches. Beweis ist dieser steile Terrassengarten voller Kakteen und Sukkulenten (rund 3000 Arten!). Der Garten verkauft kleine Kakteen jeder Art sowie Aloe-vera-Produkte aus eigenem Bioanbau. *Di–So 9–17 Uhr | Via Madonna della Ruota 1 | pallanca.it*

INSIDER-TIPP Spießige Souvenirs

ESSEN & TRINKEN

BAGNI LIDO

Das Restaurant des Strandbads erfreut mit frischer, sorgfältiger Fischküche direkt überm Meer. *Tgl. | Lungomare Argentina 5 | Tel. 01 84 26 29 09 | bagnilido.it | €€*

MAGIARGÉ

Schönes Lokal im alten Teil von Bordighera mit guter Slow-Food-Küche. Probier den Stockfisch auf ligurische Art! Im Sommer sitzt man auf der Piazza. *Mo/Di geschl. | Via Dritta 2 | Tel. 01 84 26 29 46 | magiarge.it | €*

STRÄNDE

Der Strand am Lungomare Argentina ist recht schmal und meist mit feinem Kies bedeckt. Das machen die einladenden Badeanstalten und Strandlokale wett; auch abends bummelt es sich hier sehr angeregt. Der beliebteste freie Meerzugang erstreckt sich unterhalb der Altstadt am Capo Sant'Ampelio.

RUND UM BORDIGHERA

5 PRINCIPATO DI SEBORGA

12 km nördlich von Bordighera/ 30 Min. über die Via dei Colli und SP 57

Eifrige Heimatforscher haben herausgefunden, dass das 300-Seelen-Dorf Seborga seit dem 11. Jh. einen bis heute nicht revidierten Status als freies Fürstentum hat. So versucht die Bevölkerung seit den 1960er-Jahren so etwas wie ein zweites San Marino ins Leben zu rufen, mit einem gewählten Fürsten, mit Münzprägung (1 Luigino = ca. 6,50 Euro) und mit eigenen Briefmarken. Ein Kuriosum, hübsch gelegen und mit viel Lust am Feiern. *principatodiseborga.com* | *C7*

SANREMO

(*D7*) **Von der rauschenden Casinozeit ★ Sanremos geblieben sind**

In Sanremos Markthalle, in Gärten, auf dem Pastateller: Ligurisches *basilico* ist allgegenwärtig

der mächtige Bau der Spielbank, in deren prunkvollen Hallen immer noch täglich Spieler und Spielerinnen ihr Glück herausfordern, stattliche alte Villen in überbordenden Gärten und die orthodoxe Kirche, die an die russische Upperclass erinnert, die hier neben britischen Sonnensuchern verkehrte.

Die wilden Zeiten dieser Belle-Époque-Gesellschaft des 19. Jhs. stecken der Gegend rund um die Hauptbummelmeile Corso Matteotti immer noch in den Adern: chic, einen Hauch frivol, ein bisschen skandalös und in der Tradition als Kapitale der Blumenriviera blumig-leicht.

Auch die fröhlich-konsumfreudige Musikmetropole aus den Zeiten des Wirtschaftsaufschwungs im 20. Jh. ist die 53 000-Ew.-Stadt bis heute geblieben. Noch immer wird hier der renommierteste Musikwettbewerb Italiens ausgetragen, der dem Eurovision Songcontest Modell stand.

Aber sie hat auch ein dunkles Herz. So beeindruckend verwinkelt die hoch gelegene Altstadt *La Pigna* ist und obwohl Händler und die kreative Szene dabei sind, das Zentrum aufzuwerten: Fremdsprachige und allein reisende Touristen werden davor gewarnt, sie allein und nachts zu betreten.

SIGHTSEEING

MUSEO CIVICO

Auf keinen Fall verpassen solltest du die *Sala Rubino,* wo die farbstarken, burlesken Comics, Werbezeichnungen und Trickfilme des sanremischen Illustrators Antonio Rubino (1880–1964) zu sehen sind. Er könnte problemlos bei modernen Comicmessen ausstellen! *Di–So 10–12 und 15–19 Uhr | Piazza Alberto Nota 2 | ⏲ 1¼ Std.*

PASSEGGIATA DELL'IMPERATRICE

Diese Flaniermeile schlendert man entlang wie eine Majestät, auf der einen Seite das Meer, auf der anderen traditionsreiche Hotels wie das luxuriöse Royal, das schon 1872 die nobelste Gesellschaft beherbergte. Die Palmen, die beim Flanieren fürstlich Schatten spenden, schenkte Zarin Maria Alexandrowna der Stadt – schließlich war damals noch edle Blässe modern. Bei der russisch-orthodoxen Kirche *San Basilio* mit ihren Zwiebeltürmen mischt sich eine Prise Exotik dazu.

VILLA NOBEL

In der detailverliebt eingerichteten Prunkvilla, Juwel einer vergangenen Epoche, mit blühendem Park tauchst du ein in die Privatsphäre eines Genies. Hier verbrachte der schwedische Erfinder des Dynamits seine letzten Lebensjahre. *Di–Fr 9.30–12.30 Uhr | Corso Cavallotti 116 | villanobel.it | ⏲ 1½ Std.*

MADONNA DELLA COSTA

Einen tollen Überblick über Sanremo hat man vom Hügel dieser Wallfahrtskirche. Ursprünglich aus dem 14. Jh., präsentiert sich der prachtvoll mit Stuck und Marmor ausstaffierte Tempel heute im Gewand des 17./18. Jhs. Man erreicht ihn über eine schattige Allee bzw. die Gartenanlage Giardini Regina Elena oberhalb der Altstadt.

ESSEN & TRINKEN

S2.0 L'APERIPESCE

Tapas auf Italienisch: In einer Gasse unweit der Piazza Brescia schnabulierst du dich durch leckere Variationen aus Fisch und Meeresfrüchten. *Mittags und Mo geschl. | Via Gaudio 54 | Tel. 3476859569 | s20laperipesce.business.site | €€*

PAOLO E BARBARA

Eines der Toprestaurants an der italienischen Riviera – exzellente Küche und Weine zu allerdings stolzen Preisen. *Mittags und Mo–Mi geschl. | Via Roma 47 | Tel. 0184531653 | paolobarbara.it | €€€*

TRAFILA PASTA LAB

Zu handgezwirbelter Pasta suchst du dir hier deine Lieblingssauce aus. Aber auch die Fischgerichte schmecken! *Mi-Mittag geschl. | Giardini Vittorio Veneto 52 | Tel. 0184845012 | trafilapastalabsanremo.business.site | €–€€*

SHOPPEN

Am zentralen Corso Matteotti reiht sich eine renommierte Boutique an die andere. Ein empfehlenswertes Kaufhaus ist *Coin (Corso Matteotti 50/52).* An der Piazza Eroi Sanremesi ist dienstag- bis samstagvormittags *Markt* (Lebensmittel und Kleidung).

SPORT & SPASS

Die stillgelegte Bahntrasse längs der Küste mit herrlichem Blick aufs Meer wird zu einem komfortablen Fahrradweg *(pistaciclabile.com)* umfunktioniert. 24 km von Ospedaletti nach San Lorenzo al Mare sind schon fertig. An verschiedenen Punkten kann man Räder mieten und ans Meer zum Baden gelangen. Im bergigen Hinterland gibt es eine Reihe von MTB-Strecken *(sanremooutdoor.it).* Segeln gehört in der Küstenstadt traditionell ins Programm: Der *Giraglia Rolex Cup* ist eine der bekanntesten Regatten des Mittelmeers: Rund 300 Segelyachten fluten jedes Jahr die Bucht.

STRÄNDE

Vom Stadtrundgang kannst du in Sanremo direkt ins Meer hüpfen: An der sehr schick ausgestatteten *Spiaggia dei Porti* beim Hafen oder beim *Lungomare dell'Imperatrice.* Außerhalb wechseln sich sandige und steinige Strände ab. Ein Mix aus beidem erwartet dich am Strand von *Ospedaletti* im Westen. Rund um die Felsnase *Capo Nero* herrscht bei klarem, rauschendem Meer bezaubernde Atmosphäre und zu beiden Seiten erstrecken sich breite Steinstrände mit Strandbädern un einer Poollandschaft. Lang, sandig und mit freien Abschnitten zwischen den *bagni* ist der Strand *Tre Ponti* am östlichen Stadtrand.

AUSGEHEN & FEIERN

An den beiden aufeinanderfolgenden Plätzchen *Piazza Bresca* und *Piazza Sardi* oberhalb des Hafens Porto Vecchio voller Restaurants und Bars trifft man sich tagsüber wie abends. Im kitschig-steifen Jugendstil des *Spielcasinos (Corso degli Inglesi 18 | casinosanremo.it)* von 1906 traf sich einst die europäische Noblesse. In der an eine elegante Yacht erinnernden Rotunde des *Victory Morgana Bay (Corso Trento e Trieste 16 | victorymorganabay.it)* überm Meer trifft man sich zur Happy Hour, zu guten Cocktails, zu Fisch- und Fusionküche und zu DJ-Musik.

RUND UM SANREMO

6 MONTE BIGNONE

20 km nordwestlich von Sanremo/ 45 Min. über die SP 56

Aktive unternehmen den Ausflug auf den 1299 m hohen Hausberg Sanremos zu Fuß oder per Mountainbike. Weniger Mobile erreichen den Aus-

sichtspunkt auch mit dem Bus oder dem Auto. Vom Gipfel, der unter Naturschutz steht, hast du eine herrliche Aussicht auf den Golf und die Alpen – allerdings muss man die vielen Antennenmasten, die ihn verunstalten, geflissentlich übersehen. *D7*

7 BUSSANA VECCHIA

8 km östlich von Sanremo/20 Min. über die SS 1bis

Das Dorf, wo echte Hippies wohnen! Treffpunkt für alle ist die Bar *Piazzetta Golosa (tgl. | Tel. 3297375381 | €)* am Dorfeingang, wo du mit Spezialitäten aufs Köstlichste verwöhnt wirst. Dann kann's weitergehen, durch dieses Künstler- und Aussteigerdorf mit Ateliers, Werkstätten und Kunstinstallationen, das sich einfach nicht geschlagen gibt. 1887 hatte ein Erdbeben das Dorf fast völlig zerstört. In den 1960ern richteten es Künstler und Hippies wieder her. 2017 entsann sich die Regierung der illegalen Hausbesetzer und verschickte Bußgeldbescheide, verbunden mit der Aufforderung, das Dorf zu verlassen. Seither ist fraglich, wie lange dieser Mikrokosmos noch besteht. Mit Strom ist es nicht weit her, mit der Sonne verschwindet das Licht. Nachts hast du hier das Gefühl, den Sternen näher zu sein als der Erde. *D7*

INSIDER-TIPP
So viel Sternlein stehen

8 VALLE ARGENTINA

11 km bis Taggia östlich von Sanremo/20 Min. über die SS 1bis

Ein klassisches Ausflugsziel ist das Tal des Flusses Argentina, das mit dem mittelalterlichen Städtchen *Taggia* beginnt – eine Art lebendiges Freilichtmuseum (s. Tour 1 im Kapitel „Erlebnistouren"). *D6–7*

Verspielte Architektur für Spieler: Seit mehr als 100 Jahren lockt Sanremo mit seinem Casino

IMPERIA

(🗺 E7) **Zwei recht verschiedene Ortsteile bilden seit 1923 die Gemeinde Imperia (42 000 Ew.): im Südwesten Porto Maurizio, im Nordosten, jenseits der Mündung des Flusses Impero, Oneglia.** Sympathisch ist die verwinkelte Altstadt von Porto Maurizio auf dem Hügel mit dem stattlichen neoklassizistischen Dom San Maurizio. Oneglia zeigt sich eher zersiedelt, doch kann man im Zentrum gut einkaufen und unter den Arkaden am Hafenpier gibt es Bars und Restaurants.

SIGHTSEEING

MUSEO NAVALE INTERNAZIONALE DEL PONENTE LIGURE

Wer all den Zeitdokumenten der Navigation, des Schiffsbaus und der persönlichen Schicksale, den Modellschiffen und Trachten ein bisschen Zeit widmet, versteht vielleicht mehr vom Leben zu Wasser, das die Küstengegend seit je prägt. *Mi und Sa 15.30–19 Uhr | Piazza del Duomo | Porto Maurizio | ⏲ 1½ Std.*

MUSEO DELL'OLIVO

Beim Olivenölproduzenten Fratelli Carli sieht man, wie das köstliche Öl gewonnen wird. Mit schönem Garten. *Di–Sa 10–13 und 15–18 Uhr | Via Garessio 11 | Oneglia | museodellolivo.com | ⏲ 1¼ Std.*

VILLA GROCK

Verspielt und romantisch ist der japanische Garten, clownesk schräg die 1922 im eklektischen Stil gebaute Parkvilla in Oneglia – und über allem liegt die Melancholie eines Clowns: die des Schweizers Grock, der die Zirkuswelt beeinflusst hat wie nur wenige andere. 1959 ist er hier gestorben. In sein Haus sind ein Clownskino und eine Experimentierschau für junge Clowns und Artisten eingezogen. *Mo und Fr 10–13, Mi 14–17, Sa/So 10–13 und 14–17 Uhr | Via Fanny Roncati Carli | museodelclown.it | ⏲ 1¼ Std.*

ESSEN & TRINKEN

OSTERIA DAI PIPPI

Winzige Trattoria mit tollen Stockfischrezepten nahe dem Sporthafen von Porto Maurizio. *Außer So mittags geschl. | Via dei Pellegrini 9 | Tel. 01 83 65 21 22 | €–€€*

SARRI

Radicchio, Gänseleber und jede Menge frischer Fisch, aber immer um eine entscheidende Nuance verfeinert: hier ein Hauch Chili, dort ein kurzer Kick Zitrone. Im Fischerviertel Borgo Prino in herrlicher Strandkulisse. *Mi und außer Sa/So mittags geschl. | Via Lungomare Colombo 108 | Tel. 01 83 75 40 56 | ristorantesarri.it | €€€*

LA LOCANDIERA

Das dank seiner sorgfältigen ligurischen Landküche – z. B. mit Thymian gewürztes Kaninchen oder Perlhuhn in Zitrone – sehr beliebte Ausflugslokal liegt 14 km landeinwärts im Dorf Lucinasco. Im Sommer sitzt man sehr schön draußen. Reservieren! *Tgl. | Via Roma 33 | Lucinasco | Tel. 32 40 46 89 16 | Facebook | €€*

SPORT & SPASS

WHALEWATCHING

Die Chance, Delphine oder einen der bis zu 24 m langen Pott- und Finnwale zu sichten, liegt laut Veranstaltern bei 90 Prozent. Im Sommer starten mehrmals wöchentlich Ausflugsschiffe. Auch in Finale, Andora und Genua werden Touren angeboten. *whalewatchliguria.it, whalewatchimperia.it*

STRÄNDE

Vor Porto Maurizio liegt die beliebte *Spiaggia d'Oro,* beliebt für ihre Badeanstalt im Libertystil, die stimmungsvollen Sonnenuntergänge und für die Winde der Küste von Imperia; hier trifft sich daher auch die Surferszene. Die Strände in *Borgo Foce* und *Borgo Prino* sind durch eine Promenade miteinander verbunden.

AUSGEHEN & FEIERN

Der Abend beginnt mit dem Aperitif im Strandbad; am Yachthafen trifft man sich etwa im *Greenwich Café.* Zum Saisonbeginn öffnet manche Stranddisco. In der Altstadt bleiben Kneipen wie der *Black Horses Pub (Vico del Moretto 2)* bis 2 Uhr morgens geöffnet.

RUND UM IMPERIA

9 SPIAGGIA DI PRIMA PUNTA

5 km südwestlich von Imperia/ 10 Min. über die SS 1

Am südlichen Ende von San Lorenzo a Mare lockt dieser teils bewirtschaftete, teils freie schöne, sandig-kiesige Strand. Von der omnipräsenten Küstenstraße

Ein in vielerlei Hinsicht clowneskes Gebäude: Villa Grock in Imperia

ist er zumindest etwas abgeschirmt und punktet mit schöner Macchia im Rücken und traumhafter Aussicht aufs klare Wasser der kleinen Bucht. Auch Sanitäranlagen sind vorhanden. *⊞ E7*

10 DIANO MARINA

6 km nordöstlich von Imperia/5 Min. mit der Bahn

Auf Imperia folgt das vor allem bei Deutschen, Jugendlichen und Reiseveranstaltern beliebte Diano Marina mit einem langen, schönen Sandstrand. Eukalyptusbäume, Pinien und Palmen säumen die Straßen, Gemüse- und Obstanbau kennzeichnen das flache Hinterland. Es gibt jede Menge Ferienwohnungen, Hotels und Campingplätze. Die sommerliche Danceszene von Diano hat ihr Zentrum in der Diskothek *New Sortilegio (Via Mortula 2 | Facebook)*. *⊞ F7*

11 CERVO

9 km nordöstlich von Imperia/20 Min. über die SS 1

Drillingsblumen über schmiedeeisernen Pforten, ein Kastell, mittelalterliche Gassen und Treppen, eine alles überragende, prachtvolle Barockkirche, die einfallsreiche Küche des edlen Restaurants *San Giorgio (Mo/Di geschl. | Via Volta 19 | Tel. 01 83 40 01 75 | €€–€€€)* sowie ein renommiertes Sommerfestival der Kammermusik ergeben ein absolut lohnendes Ausflugsziel.

Im *Museo Etnografico del Ponente Ligure (Di–So 10–13 und 14.30–16.30 Uhr | 45 Min.)* in der Burg zeigt der passionierte Heimatforscher Roberto Ferrero, was er alles zusammengetragen hat an Werkzeugen, Haushaltsgeräten, Spielzeug, die das Handwerker- und Bauernleben von früher illustrieren. Ferrero hat dazu lebensgroße Puppen (die ihm übrigens ähneln) gebaut, die all die Tätigkeiten anschaulich vorführen. Legendär sind die Partys des großen, feinen Strandlokals *Rocce di Pinamare (Via Aurelia 39)* im nahen *Marina di Andora*. *⊞ F6*

ALASSIO

(⊞ F6) **An der Baia del Sole, der „Sonnenbucht", erstreckt sich über rund 3 km mit Blick aufs Felskap Capo Santa Croce der feinsandige Strand des lebendigen Seebads Alassio (10 000 Ew.) und seines Nachbarorts Laigueglia.**

Der renommierte Badeort mit seinen Hotels und Restaurantterrassen am Strand und mit seinen alten Villen (einige heute zauberhafte Hotels) in üppigen Parks ist bei deutschen Urlaubern und Veranstaltern seit jeher beliebt. Ein Wahrzeichen ist der Wehrturm *Torrione della Coscia* aus dem 16. Jh. direkt am Strand im Zentrum des Orts.

SIGHTSEEING

BUDELLO

Die lange, schmale Gasse *Via XX Settembre* zieht sich quer durch die Stadt, vom Strand trennt sie nur eine Häuserzeile. Man lässt sich zwischen Eisdielen, Cafés und Focacciabäckereien treiben. Als zentrale Hauptader ist der *budello* noch immer in vielen alten ligurischen Küstenstädtchen anzutreffen.

MURETTO

Alassio war in den 1950er-Jahren Treffpunkt der Vips des Dolce Vita. Sie kamen aus aller Welt und man traf sich direkt gegenüber der schmucklosen Mauer im Café Roma an der Via Dante: Ernest Hemingway, Jean Cocteau, Zarah Leander, Anita Ekberg, Dario Fo, Adriano Celentano. Da hatte der Künstler Mario Berrino die Idee, die Autogramme dieser Glamourkunden auf in das Mäuerchen eingelassenen Keramikkacheln zu verewigen. Die Kacheln werden immer mehr, die Namen, etwa von Fernsehpromis und Sportlern, zumindest für Nichtitaliener immer unbekannter. *Corso Dante/ Via Cavour*

Die berühmteste Mauer der Riviera: Kacheln auf dem Muretto in Alassio

I GIARDINI DI VILLA DELLA PERGOLA

Ist das nun ein englischer Garten – oder ein italienischer? In den Hängen der Villa Pergola steckt jedenfalls viel Gärtnerherzblut. Zwischen Mandelbäumen, Seerosen, Blauregen und asiatischen Heilkräutern lässt sich die ganze Pracht der Riviera dei Fiori genießen. Die zugehörige Villa aus dem 17. Jh. mit Bar und Restaurant ist ein hervorragendes Beispiel für die italienisch-britische Symbiose im 19. Jh. *März–Okt. Mo und Fr–So 11.30 und 15, Sa/So auch 9.30 Uhr nur mit Führung und Voranmeldung | Strada Privata Montagu 9 | Tel. 01 82 64 61 30 | giardinidivilladellapergola.com | ⏲ 2 Std.*

CAPO SANTA CROCE

Ein schöner Spaziergang führt von Alassio auf der Strandpromenade nach Nordosten und dann zwischen Villengärten die alte Strada Romana *(Via Solva)* hoch aufs Kap Santa Croce zum gleichnamigen romanischen Kirchlein aus dem 11./12. Jh. mit phantastischem Weitblick. Am Kirchvorplatz beginnt ein lohnender Wanderweg ins 5 km nordöstlich gelegene Nachbarstädtchen Albenga. Dieser Weg ist nichts anderes als die Weiterführung der alten Römerstraße Via Julia Augusta, *passeggiata archeologica* genannt: Durch mediterrane Macchia führt sie an römischen Ruinenresten vorbei.

ESSEN & TRINKEN

AMEDEO AL MARE

Leckere Fischgerichte, Focacce und frische Salate noch näher am Strand geht nicht. *Mittags geschl.* | *Passeggiata Dino Grollero 1a* | *Tel. 01 82 64 87 81* | *amedeoalassio.it* | *€€*

OSTERIA I MATETTI

Sehr beliebt, obwohl an der verkehrsreichen Durchgangsstraße: Vor zig Kinderfotos (*matetti* ist das Dialektwort für Kinder) isst man sorgfältig zubereitete Lokalküche. *Tgl.* | *Viale Hanbury 132* | *Tel. 01 82 64 66 80* | *€*

LA VIGNA

Schönes Landrestaurant oberhalb des Ortsteils Solva. Zu gepflegter, frischer Land- und Meeresküche hat man einen wunderbaren Blick auf die Bucht von Alassio. Unbedingt reservieren! *Mo geschl.* | *Via Lepanto Solva 1* | *Tel. 01 82 64 47 44* | *ristorantelavigna.it* | *€€*

SHOPPEN

Die Innenstadtgassen sind ein Shoppingparadies: Die Spanne reicht von den *baci di Alassio,* einem Gebäck aus Schokolade, Haselnuss und Eiweiß, die man in der traditionsreichen *Pasticceria Balzola (Piazza Matteotti 26)* bekommt, bis zu den lässig-schicken Sonnenbrillen, Sneakers, Shirts von *Italia Independent (Via XX Settembre 104),* dem Label des Fiat-Erben Lapo Elkann.

STRÄNDE

Der Strand von Alassio hat feinen Sand – und wenig Platz. Im Sommer ist es schier unmöglich (und mitunter sehr teuer), Platz zu finden, wenn das Hotel keinen reserviert hat. Freie Strandabschnitte gibt es am Anlegepier und südwestlich Richtung Laigueglia. Einige *bagni* sind beliebte Treffs für den Sundowner wie *Baba Beach (Via Giancardi 44* | *bababeach alassio.com)* Richtung Albenga mit Blick auf die Insel Gallinara.

AUSGEHEN & FEIERN

Beliebte Treffpunkte zum Aperitif sind das *Café Roma (Via Dante),* einst Dolce-Vita-Treff, heute in elegantem Retrostil, oder die *Bar Spotti (Via Grassi 1)* im Zentrum, eher locker, bis frühmorgens und mit Musik. Alassio und Umgebung bieten zudem die besten Sommerlokale der Ponente, etwa die exklusive, exotisch gestylte Disco *Le Vele (Via Giancardi 50* | *levelealassio.it)* oder das Strandlokal *Essaouira (Via Michelangelo 27* | *essaouira.it)* im Ethnolook an der Grenze zu Albenga. Eine phantastische Terrasse überm Meer hat die Diskothek *La Suerte (Via Roma 115* | *lasuerte.it)* im angrenzenden Laigueglia. Sommers wie winters trifft man sich bei Livemusik in der gemütlichen *Osteria Mezzaluna (Vico Berno 6* | *mezzalunaalassio.it).*

RUND UM ALASSIO

12 ALBENGA

5 km nördlich von Alassio/12 Min. mit der Bahn

Nur gucken, nicht anfassen heißt es in dem 23 000-Ew.-Städtchen: Man hat zwar einen schönen Blick auf das vor-

Mittelalterliche Statussymbole: Wohntürme der einflussreichen Familien in Albenga

gelagerte Inselchen Gallinara, aber es legen keine Boote dorthin ab. „Nur schauen" ist auch im *Museo Magiche Trasparenze (Di–So 9.30–13 und 15–18.30 Uhr | Via Roma 58 | scoprialbenga.it/magiche-trasparenze.html)* die bessere Strategie, wo Lichtspiele durch die zerbrechlichen, bunten Glasarbeiten, die Parfumfläschchen, Amphoren und Vasen fließen, die ausgegraben oder aus gesunkenen Schiffen geborgen wurden. Nahebei im *Museo Navale Romano (bis ca. Ende 2024 wegen Renovierung geschl. | Piazza San Michele 12)* sind die Wracks der Letzteren zu sehen, aus einem Unterwasserleben zurückgekehrt. Die Ölmühle Sommariva zeigt in ihrem gratis zugänglichen *Museum (Mo–Sa 8.30–12.30 und 15.30–19 Uhr | Via Mameli 7 | oliosommariva.it)* in der Altstadt die jahrhundertealte Kultur des Olivenbaums.

Die Bogengassen der verwunschenen Altstadt haben als Kulisse für die Verfilmung von Cornelia Funkes „Tintenherz" gedient. Das Wegegeflecht führt ins Zentrum zu den drei hohen, schlanken sogenannten Geschlechtertürmen: Wer den höheren hat, darum wetteiferten die Reichen schon im Mittelalter. Juwel des Städtchens und das älteste erhaltene Gebäude ganz Liguriens ist das achteckige *Baptisterium (Di–So 9.30–13 und 14.30–18.30 Uhr | Via Nino Lamboglia)* aus dem 5. Jh. mit wunderbaren Steinmetzverzierungen und einem byzantinischen Mosaik. *G5*

13 BASTIA

10 km nördlich von Alassio/15 Min. über die SS 1 und SP 582

Das ebene Hinterland von Alassio ist der Gemüse- und Kräutergarten Liguriens, weiter oben beginnen die Wein-

Über Laigueglias Altstadt erheben sich die beiden Doppeltürme der Barockkirche San Matteo

und Olivenhaine. Vieles wird heute biologisch angebaut, z. B. die Kräuter, der Wein und das Öl der *Azienda Agricola Biologica Vio Giobatta (Via Crociata 24 | biovio.it)* mit Laden im beschaulichen Dorfzentrum. *F5*

14 VALNEVA

18 km bis Zuccarello nordwestlich von Alassio/25 Min. über die SS 1 und SP 582

Das Nevatal führt zu wunderbaren Dorfperlen: Besonders sorgfältig restauriert ist *Castelvecchio di Rocca Barbena*. In *Zuccarello* mit malerischen Torbögen und Wohntürmen springt und gurgelt ein glasklarer Bergbach. Oberhalb des Nevatals findet sich in der *Val Pennavaira* ein beliebtes Klettergebiet *(rocpennavaire.it)*. *F5*

15 PARCO ACQUATICO LE CARAVELLE

10 km nördlich von Alassio/15 Min. über die SS 1

Karavellen hießen die Schoner, mit denen der Genuese Christoph Kolumbus im Jahr 1492 aufbrach – und Amerika entdeckte. In diesem Erlebnispark dümpeln kleine Kopien zum Draufrumklettern in der Wasserlandschaft. Hier werden die Reise von Kolumbus und die damalige Zeit, das ausgehende 15. Jh., in Genua, in Spanien und schließlich in der Karibik, lebendig. Dazu gibt es diverse Schwimm- und Planschbecken und Wasserrutschen, für jedes Alter etwas. *Mitte Juni–Mitte Sept. tgl. 10–18 Uhr | Via Sant'Eugenio 51 | lecaravelle.com |* *G5*

16 LAIGUEGLIA

5 km südlich von Alassio/8 Min. mit der Bahn

Mit Alassio teilt sich dieser charmante Badeort den feinsandigen, weiten Strand der Baia del Sole. Laigueglia darf sich zu den *Borghi più belli d'Italia* zählen, zu Italiens schönsten Dörfern. Auch hier führt durch den alten Ortskern der *budello,* die enge, historische Hauptgasse mit Geschäften und Cafés. Außerhalb der Altstadt erhebt sich ein Küstenwachturm aus dem 16. Jh., der an die einstmals häufigen Überfälle sarazenischer Piraten erinnert. Heute erobern im Juni Jazzmusiker und Perkussionisten aus aller Welt den Ort zum *Percfest* *(percfest.it):* Bei Konzerten, Musik-Workshops, Yoga usw. tanzt das ganze Dorf im Takt. *F6*

INSIDER-TIPP
Getrommelt und gepfiffen

FINALE LIGURE

(G4) **Kletterern leuchten die Augen beim Gedanken an die Bergkulisse von ★ Finale Ligure: An den atemraubenden Felswänden aus hellem Kalkgestein hoch über der Küste trifft sich die europäische Freeclimberszene.**

Das gilt auch für die Freerider, die Fans extremer Mountainbikestrecken: Hier findet am dritten Maiwochenende eines der beliebtesten MTB-Events Europas statt *(24hfinale.com).* Hinzu kommen ideale Bedingungen zum Segeln und Tauchen – all das macht aus Finale die italienische Kapitale des Outdoorsports zu Land und zu Wasser.

Finale (11 000 Ew.) setzt sich aus drei Ortsteilen zusammen: Das lebhafte Ferienstädtchen *Finale Marina* erstreckt sich an einem breiten, feinsandigen Küstenstreifen zwischen den Mündungen der Bergflüsse Pora und Sciusa. Die Strandpromenade säumen Palmen, schöne alte Stadthäuser mit Arkaden schmücken den Ortskern, etwa an der Piazza der Barockkirche San Giovanni Battista oder an der zum Meer hin offenen Piazza Vittorio Emanuele. Jede Menge Hotels, Cafés, Restaurants und Sportangebote sorgen fürs Wohlbefinden.

Finalpia schließt sich östlich der Mündung des Sciusa an, der Strand ist schmaler, der Ort ruhiger. *Finalborgo* liegt 2 km landeinwärts oberhalb der Küstensiedlung und besitzt einen malerischen mittelalterlichen Kern hinter hohen Festungsmauern aus dem 15. Jh. Bunte Historienspektakel *(centrostoricofinale.it)* im Juli und August ziehen Tausende von Besuchern an und haben zur Gründung interessanter Musikgruppen geführt wie I Sonagli di Tagatam, eine generationen- und geschlechterübergreifende Band, die mit mittelalterlichen Dudelsäcken, Pauken und Saiteninstrumenten rockt. Die goldgetränkten Barockverzierungen der Kirche *San Biagio* wirken am besten, wenn grelles Sonnenlicht von außen starke Kontraste zwischen Licht und Schatten schafft. Auf dem viertelstündigen Spaziergang hoch zur Burg *Castel Gavone* fühlt man sich wie die

Felsen bei Finale: Kletterern kribbelt es in Fingern und Füßen

kleinen, einfachen Händler, die mit ihren Karren und Waren zu den großen Fürsten hinaufzogen.

SIGHTSEEING

MUSEO ARCHEOLOGICO DEL FINALE

Ein Streifzug durch die ligurische Siedlungsgeschichte – aber nicht irgendeiner: In den Sälen nimmt man urzeitliche Werkzeuge in die Hand, durchläuft die Welt der Mythen und Sagen, zeichnet selber Höhlenbilder und steht plötzlich vor einem Mutter-Kind-Grab. Selten ist Menschheitsgeschichte so greifbar wie in diesem quirligen Museum in Finalborgo! Darüber hinaus bietet es auch Archäologietouren in die Gegend an. *Mitte Juni–Mitte Sept. Di–So 10–13 und 16–19 Uhr, Mitte Sept.–Mitte Juni 9–12 und 14.30–17 Uhr | Chiostri di Santa Caterina Finalborgo | museoarcheofinale.it | 1¾ Std.*

ESSEN & TRINKEN

OSTERIA GROTESQUE

Ligurische Spezialitäten vom Kaninchen bis zur Pasta mit Kichererbsen, auf hohem Niveau zubereitet und liebevoll-modern arrangiert. *Tgl. | Via Pertica 23 | Tel. 34 63 26 63 99 | Facebook | €€*

I TORCHIETTI

Das Bistro in Finalborgo neben dem Restaurant Ai Torchi steht seinem großen Bruder in nichts nach, erklärt sich aber ausdrücklich als kinderfreundlich. Auch für die Großen hat es Überraschungen parat, z. B. die lokale Spezialität *brandacujun* aus Kartoffeln und Stockfisch. *Di/Mi geschl. | Via Gallesio 35 | Tel. 36 65 24 40 49 | €*

AI CUATTRU CANTI

Oben in Finalborgo an wenigen Tischen echte ligurische Küche, ein Slow-Food-Tipp. *Mo geschl. | Via Torcelli 22 | Tel. 0 19 68 05 40 | €*

SPORT & SPASS

In den Touristenbüros liegen nützliche 🗺 Faltkarten für Kletterer, Mountainbiker, Wassersportler und Radler aus. Im Internet finden sich Infos zu sämtlichen Outdoor-Aktivitäten unter *finaleoutdoor.com.* Am Lungomare bieten Bergführer, Sportgruppen und Geschäfte Touren, Unterricht und noch mehr Material an.

Auf dem Mountainbike geht es rund um den Höhenrücken Melogno-Settepani auf unzähligen Routen in allen Schwierigkeitsgraden durch Kastanienwälder und über Felsen mit Meerblick rasant bergab. Infos, Bikes, Guides und Shuttleservice gibt es bei *Riviera Ligure Outdoor (Piazza Garibaldi 15 | Facebook)* und *Finale Ligure Freeride (Strada per Gorra 10 | finaleligurefreeride.com).* In die zerklüftete Unterwasserwelt kommst du mit den Leuten vom *Cycnus Diving Center (cycnus.net)* am Hafen. Um die 2000 Kletterrouten finden sich an 30 Felswänden im Hinterland von Finale. Guides, Kurse, eine Halle und Ausstattung gibt es bei *Blumountain Guide Alpine (Via Mongrifone 3/4 | blumountain.it).*

STRÄNDE

Der Sandstrand von Finale ist mit 4 km der längste und auch der breiteste an der Ponente. Es gibt viele freie Strandabschnitte, einige mit Gratisduschen, am schönsten unterhalb der Via Aurelia Richtung Noli zwischen Capo Castelletto und Capo San Donato.

AUSGEHEN & FEIERN

Der allabendliche Bummel in Finale Marina führt zur zentralen Piazza Vittorio Emanuele über die Hauptmeilen Via della Concezione/Via San Pietro mit ihren Bars und Cafés. Im *Di Vino (Via dell'Annunziata 2)* in Finalborgo gibt es zu hochklassigen Weinen erlesene Imbisse und im Sommer Livemusik. Optisch, gastronomisch und musikalisch aus dem Rahmen fällt das *Tabù (Via Gallesio 13 | Facebook),* ebenfalls in Finalborgo, mit Bier aus Meerwasser und Rotwein ohne Sulfite.

RUND UM FINALE

17 BORGIO VEREZZI

4 km südwestlich von Finale Marina/ 10 Min. über die SS 1

Die Gemeinde (2200 Ew.) setzt sich zusammen aus einem kleinen Küstenflecken südlich des Felskaps Capo di Caprazoppa und ein paar malerischen Weilern in den ersten Anhöhen wie *Borgio* und vor allem dem Panoramadorf *Verezzi.* Neben einem berühmten Theaterfestival gibt es hier eine besonders gute Speiseadresse in einer alten Mühle, das *Il MuMa (nur Fr-Abend, Sa-Abend und So-Mittag | Via Cava Vecchia 2 | Tel. 0 19 61 87 88 | il muma.com | €€–€€€)*. Besuch auch die Tropfsteinhöhlen *Grotte di Borgio (Führungen tgl. 9.30, 10.30, 11.30, 15, 16, 17, Sa/So auch 14 Uhr | grottediborgio.it)* mit ihren Farbreflexen und unterirdischen Seen. Blendende Akustik gibt es in der Grotte von Natur aus. Gönn dir, wenn möglich, eines der immer wieder stattfindenden Konzerte in der zauberhaften Atmosphäre (Ankündigung auf der Website unter „Eventi" oder auf *Facebook: grotte di borgio verezzi*). *G4*

INSIDER-TIPP **Schall mit Hall**

18 PIETRA LIGURE

6 km südwestlich von Finale Marina/ 5 Min. mit der Bahn

Ein schöner, sauberer, etwas kiesiger Sandstrand und ein schöner, farbiger, zum Bummeln einladender Ortskern lohnen den Abstecher nach Pietra. Tradition wird hochgehalten in der *Bottega Da Virginia (Mo–Sa, Sommer tgl. 8.45–12.45 und 17–20 Uhr | Via Mazzini 70)*: Das Erfolgsrezept für die berühmte Holzofen-*farinata* wird seit sechs Generationen von Mutter zu Tochter weitergereicht. Im *Cafè Toso (tgl. | Via Matteotti 23)* trifft man sich, um beim *aperitivo* den Abend einzuläuten. *G5*

INSIDER-TIPP **Die besten Kichererbsen-Fladen**

19 LOANO

9 km südwestlich von Finale Marina/ 9 Min. mit der Bahn

Ein einladender Strand, der Ortskern typisch ligurisch bunt und sehr schön zum Bummeln. An den Gassenecken helfen dir Orientierungstafeln, da hinzukommen, wo du hinwillst: zu einer Cocktailbar? Einem Ristorante? Oder zu *Ferruccio (Di-Nachmittag und Mi geschl. | Campo Cadorna 6)*, Liguriens erstem Ravioli-Gourmetshop? Typisch ligurisch ist nicht nur der Name der Osteria *Ostaia da Manin (mittags geschl. | Via del Monte | Tel. 34 89 71 35 49 | €)*, sondern auch die Küche. Ein schicker Treff ist der *Bfly Club (Lungomare Madonna di Loreto | beefly.it)* im Yachthafen. Am Sandstrand wechseln sich Strandbäder für jeden Geldbeutel und freie Strände ab. Wellenbrecher sorgen für ruhige See. *G5*

20 TOIRANO

15 km südwestlich von Finale Marina/ 25 Min. über die SS 1 und SP 25

In ein paar der 70 ★ *Grotte di Toirano (Mi–Mo 9–12.30 und 14–16.30 Uhr nach obligatorischer Anmeldung | Tel. 0 18 29 80 62 | toiranogrotte.it | 1¼ Std.)* hat man Skelettreste vom Höhlenbär sowie Spuren steinzeitlicher Behausungen gefunden. Einige dieser Tropfsteinhöhlen im Innern der hellen Kalkberge oberhalb von Toirano kann man durchwandern. Angesichts der bizarren Formationen sind der Phantasie keine Grenzen gesetzt: Mal wähnt man sich in einem versteinerten Blumengarten, mal in den kristallinen Eingeweiden eines Riesenmonsters. Die Eintrittskarte für die Grotten gilt auch für das reich bestückte Bauern- und Handwerksmuseum *Museo Etnografico (Mi–Mo 10–13 und 15–18 Uhr | Via Giuseppe Polla)* im Ortskern. *F5*

Baden vor grandioser Naturkulisse: Strand unterhalb von Capo Noli

21 ALTOPIANO DELLE MANIE

7 km nordöstlich von Finale Marina/ 20 Min. über die SP 45

Von Finalpia aus geht es hinauf auf diese naturgeschützte Hochebene mit Wiesen voller Blumen und Kräuter, Wäldern aus Eichen und Lärchen und Grotten: ein beliebtes Biker- und Wandergebiet mit ländlichen Ausflugslokalen. Im Westen wird die Hochebene vom Tal Valleponci flankiert, berühmt für fünf gut erhaltene römische Brücken. *G–H4*

22 VARIGOTTI

5 km östlich von Finale Marina/ 10 Min. über die SS 1

Die bunten Kalkhäuschen wirken wie ein Dorf aus 1001 Nacht. Byzantiner oder Sarazenen sollen einst hier angelegt und die Siedlung direkt am Strand gegründet haben. Wenn die Touristen die im selben Stil gebauten Hotels im September verlassen haben, liefert das Dorf immer neue beschauliche, farbintensive Fotomotive.

Hinter der anschließenden Felsnase Punta Crena erstreckt sich unterhalb der Küstenstraße der exotisch-schöne, leicht kiesige, gebührenpflichtige Strand *Malpasso-Baia dei Saraceni,* eingefasst von Felsen und umspült vom klaren Meer in sämtlichen Grün- und Blautönen. Weitere atemraubende, kleine Badebuchten folgen – allerdings nur für Klettermaxe und auf keinen Fall mit Flipflops zu erreichen. Die *Varigotti Windsurfing School* des Strandbads *Mariella (bagnimariella.it)* in Varigotti selbst hat Surfen, SUP und Seekajaks im Angebot. *H4*

23 NOLI ★

10 km nordöstlich von Finale Marina/ 15 Min. über die SS 1

Ein echtes Juwel! Das nahezu intakte mittelalterliche Städtchen (2500 Ew.) schmiegt sich in eine Bucht mit Strand vor dem Bergbuckel des Capo Noli. Türme, niedrige Arkaden, eine romantische Burgruine und die eindrucksvolle Kirche *San Paragorio* aus dem 11. Jh. zeugen von der einstigen Bedeutung Nolis, das im Mittelalter eine freie Hafenrepublik war. Im Juni taucht die Altstadt beim *Noli Medievale* wieder in diese Epoche: mit Schlemmerbanketten, Bänkelsängern, Kostümumzügen und einem historischen Ruderwettbewerb zwischen den Stadtvierteln. In den Gewölben des *Ristorante Da Pino (mittags geschl. | Via Sartorio 4 | Tel. 01 94 50 02 10 | €€)* findet ein Tag in Noli einen würdigen Ausklang (tolle Antipasti!). Heiße Sommernächte durchtanzt du in der Stranddisco *Bajda (Piazzale Fratelli Rosselli 1 | Facebook)* mit Dancefloor über dem Wasser. *H4*

24 SPOTORNO

12 km nordöstlich von Finale Marina/ 6 Min. mit der Bahn

Einer der größten Badeorte der Ponente mit schöner, bunter Altstadt am langen Sandstrand. Unterhalb der Küstenstraße locken feine Strandbäder mit tollem Panorama. An steile Felswände gedrückt liegt östlich der Felsnase von Bergeggi die Strandbucht *Baia delle Sirene*; nachdem der Zugang von Land durch Unwetter zerstört wurde, ist sie – sofern überhaupt – nur übers Meer per SUP oder Ruderboot zu erreichen. *H4*

SAVONA

(H3) **Die drittgrößte Stadt Liguriens (58 000 Ew.) mit ihrem riesigen Kreuzfahrtterminal ist einfach hip. Hat man einmal die wenig attraktive Peripherie überwunden, laden stattliche Boulevards des 19. Jhs. wie Via Paleocapa und Corso Italia zum Bummeln ein.**

Rund um die Altstadtgasse *Via Pia* finden Plattensammler und Liebhaber sämtlicher Design-, Mode-, und Handwerksrichtungen ein Bummelparadies. Ums Hafenbecken reihen sich Restaurants und Cafés und überm Meer thront die gewaltige, massive *Festung Priamar,* heute Kunst- und Kulturzentrum, wo im Juli das renommierte Klassikfestival *Teatro dell'Opera Giocosa* mit Stars aus der ganzen Welt stattfindet.

SIGHTSEEING

DOM SANTA MARIA ASSUNTA

Die Kirche ist schon von außen ein Hingucker. Wie eine extravagant gekleidete Frau steht sie im Stadtzentrum. Die Fassade ist aus dem 19. Jh., innen prunkt sie mit viel geschwungenem Marmor, reich verzierten Wänden und Gewölben, schönem Chorgestühl (von 1515!) und vor allem der golden verzierten Sixtinischen Kapelle aus dem Rokoko. *Piazza Duomo*

MUSA PALAZZO GAVOTTI

Auf zwei schöne Palazzi im Zentrum verteilen sich die Pinakothek mit ligurischer Malkunst vom 13.–20. Jh., moderne Meister wie Giorgio De Chirico und Pablo Picasso sowie das Keramikmuseum, das die lange Keramiktradition um Savona und Albisola wunderbar vor Augen führt. Hier steckt man die Hände am besten selbst in den

Ton bei einem der Keramikworkshops. *Saisonal wechselnde Zeiten s. Website | Piazza Chabrol 2 | musa.savona.it | ⏲ 2–3 Std.*

ESSEN & TRINKEN

CAFÉ BESIO

Ein Must in diesem Café an der Piazza Mameli sind die Spezialitäten aus *chinotto,* der typischen Zitrusfrucht aus Savonas Hinterland. *Tgl. 6–20 Uhr*

VINO E FARINATA

Ein Muss für Sparfüchse und Schleckermäuler! *Farinata* und anderes Ligurisches in lebhaftem Ambiente zu kleinen Preisen. *So/Mo geschl. | Via Pia 15 | Tel. 01 95 28 43 60 | €*

SHOPPEN

Liebhaber extravaganter Einrichtung sollten ein Eckchen im Kofferraum freihalten und im *Fantasma dell'Opera (Via Spinola 10r)* bei Savonas Haus- und Hofkünstler Walter Boccia vorbeischauen. Seine absurde Ader und seine Art, eine phantastische Sicht auf die Dinge zu schaffen, sind sehenswert – und großenteils bezahlbar. Mode und allerlei Rauminstallationen verschiedener lokaler Künstler finden sich zwei Ecken weiter im *Temide (Via dei Vacciuoli 15r).*

INSIDER-TIPP
Irritation ist Inspiration

STRÄNDE

In alle Richtungen folgen auf Savona traditionsreiche, bestens ausgestattete Badeorte, die meisten mit der Bandiera Blu, der Blauen Flagge, ausgezeichnet. Direkt vor der Stadt erstrecken sich 4 km meist sandiger Strand, durchbrochen von Felsen und Grotten. Freie und bewirtschaftete Abschnitte wechseln sich ab, im Mittelpunkt die *Spiaggia delle Fornaci,* ideal für Wassersportler. Auf Höhe der Villa Zanelli beginnt die *Spiaggia della Natarella,* ein 3 km langer, sandiger Freistrand (mit Toiletten!) mit flachem Meer.

AUSGEHEN & FEIERN

Im Stadtkern werden alle auf der Suche nach Bars, Pubs und Clubs fündig. Ein sicherer Tipp ist das *Raindogs House (Piazza Pippo Rebagliati 1),* geschmackssicher und fast täglich um Livebands sämtlicher Genres bemüht.

Geschützt in einer Bucht gelegen und mit mittelalterlicher Altstadt: das charmante Noli

Wenn die Wellen vor Varazze wogen, zieht es auch die Brandungssurfer mit Macht ins Meer

RUND UM SAVONA

25 ALBISSOLA MARINA & ALBISOLA SUPERIORE ★

5 km nordöstlich von Savona/5 Min. mit der Bahn

Keramik, Keramik, Keramik: In den beiden zusammengewachsenen Gemeinden verweist alles auf die jahrhundertelange Tradition der Keramikherstellung, Geschäfte (vor allem in der Via Mazzini), Werkstätten, Häuserdekor, Promenadenpflaster (etwa das der Uferpromenade *Passeggiata degli Artisti* von Albissola Marina), Parkskulpturen und ein Keramikfestival im Juni. Eine Keramiksammlung des 20. Jhs. zeigt in Albissola Marina das Fabrikmuseum *Fabbrica Casa Museo Mazzotti (Mo–Sa 9–12 und 15–19 Uhr | Viale Matteotti 29 | gmazzotti1903.it)*.

INSIDER-TIPP Ein dänischer Hundertwasser

Keramik als Künstler- und Dekorationsmaterial – ein Augenschmaus! – ist das Thema im Atelierhaus des dänischen Künstlers Asger Jorn (1914–1973) oberhalb von Albissola Marina: *Casa Museo Asger Jorn (Di und Do 9–12 und 15–17, Sa/So März–Mai und Okt./Nov. 11–13 und 14–17, Juni und Sept. 10–13 und 16–19, Juli/Aug. 10–13 und 16–20, Dez.–Feb. 11–16 Uhr | Via D'Annunzio | amicidicasajorn.it)*. Einen Besuch lohnt in Albissola Marina auch die *Villa Durazzo-Faraggiana (tgl. 15–19 Uhr | Via Salomoni 117 | villafaraggiana.it)* in schönem Park, ein Anwesen aus dem 18. Jh., das – neben Keramik – zeigt, in was für einem luxuriösen Ambiente die ligurische Aristokratie einst lebte. Im Sommer trifft man sich in den Strandlokalen, etwa im *Golden Beach Mivida* und im *Soleluna* am Lungomare Passeggiata degli Artisti. *H3*

26 CELLE LIGURE

8 km nordöstlich von Savona/8 Min. mit der Bahn

Der gepflegte Badeort (5000 Ew.) mit üppigen Bepflanzungen und feinsandigen Stränden hat einen besonders hübschen älteren Kern: Vanille-, zimt, erdbeer-, pfirsich- und zitronenfarbene Fassaden schauen aufs Meer. J3

27 VARAZZE

12 km nordöstlich von Savona/ 12 Min. mit der Bahn

Wer's kann, erlebt eine andere Dimension, wer zuschaut, dem geht es – fast – genauso: beim nächtlichen Wellenreiten im Scheinwerferlicht *(short.travel/lig7)*. Tagsüber geht es im Umland eher darum, möglichst ungebremst beim Downhill mit dem Rad die Steilhänge runterzureiten – Routeninfos u.a. unter *alltrails.com* (Stichwort: Regionaler Naturpark Beigua). Ganz entspannt ist dagegen ein Bummel durch das uralte Küstenstädtchen. Schön zum Einkehren ist das *Il Mulino (außer Sa/So mittags, Okt.–Juni auch Mo geschl. | Via Emilia Vecchia 3 | Tel. 0 19 93 01 08 | €€)* am oberen Stadtrand.

INSIDER-TIPP Früher Vogel fängt den Fisch

Die eigentümliche Stimmung bei Sonnenaufgang auf dem Meer ist inklusive, wenn Matteo und seine Kolleginnen dich auf ihrem Fischerboot mitnehmen *(Tel. 34 50 43 81 04 oder capitanmorganvarazze01@gmail.com | Facebook: Capitan Morgan)*. Sie zeigen dir die traditionelle Fischerei, lassen dich mitmachen und versorgen dich mit einem feinen Seemannsfrühstück. J3

28 ARENZANO & COGOLETO

25 km bis Arenzano nordöstlich von Savona/20 Min. mit der Bahn

Der Küstenort *Arenzano* (11 000 Ew.) mit Kiesstrand lockt mit einem lebhaften Kern voller Läden, Cafés und Restaurants. Höhepunkt des Bummels ist der zauberhafte *Stadtpark* um die Rathausvilla *Negrotto Cambiaso* mit einem Brunnen, in dem sich Schildkröten tummeln.

Das benachbarte *Cogoleto* wartet mit der saftigen Fleischküche in der Metzgerei *Macelleria Viglino U Caruggiu du Maxellu (Di geschl. | Via Colombo 52 | Tel. 01 09 18 32 78 | €–€€)* auf.

INSIDER-TIPP So muss ein Steak schmecken!

Landauf, landab weiß sicher keiner, ein Steak so geschmackvoll zuzubereiten. Versäum aber auch nicht das köstliche Fruchtdessert *fruttini!* J2

GENUA

HAFENMETROPOLE MIT VERWINKELTER ALTSTADT

Selbst schuld, wer Genua (ital.: Genova) bei seinem Urlaub nicht einen Besuch abstattet. Ihm entgeht eine der reizvollsten Städte Europas! Ob Kleinkunst, Weltmusik oder Hip-Hop, auch für Liguriens Hauptstadt gilt: Wo viel Avantgarde ist, kommt noch mehr hin. In den letzten Jahrzehnten hat sich der heruntergewirtschaftete Industriehafen zur lebendigen Kulturstadt gemausert. 650 000 Menschen leben an den Hängen. Aufzüge, Serpentinen und Treppen führen in die höher gelegenen, bürgerlichen Wohnviertel.

Palazzo Reale: einer von 42 *rolli,* den Unesco-Welterbe-Palazzi aus Genuas goldenem Zeitalter

Zum Hafen hin erstreckt sich die berühmte ★ Altstadt, ein einzigartiges Labyrinth aus *carruggi* (Gassen) voller Getümmel, aus schmuddeligen, dunklen Ecken, aus Geschäften mit modernem Billigkram oder junger Raffinesse, aus Läden mit traditionellen Delikatessen und Handwerk. Viele Einwanderer aus Asien und Afrika betreiben Imbissstuben und Marktstände. Die Gassen sind so eng, dass man den Kopf heben muss, um die prachtvollen Fassaden wahrzunehmen.

GENUA
Cimitero di Staglieno
Via Paleocapa
Via Sinibaldo Scorza
Via Ponza
Vis Sapi
Corso Ugo Bassi
Via Paleocapa
V. Francesco Sivori
Corso Firenze
Corso Firenze
Via Giuseppe Avezzana
Via Sant'Ugo
10 Castello d'Albertis - Museo delle Culture del Mondo
Corso Dogali
11 Villa del Principe Palazzo di Andrea Doria
Via Andrea Doria
V. Brignole De Ferrari
Corso Carbonara
Giardini Tito Rosina
Via Adua
Strada Aldo Moro
Via Antonio Gramsci
Via Balbi
9 Museo di Palazzo Reale
14 Galata Museo del Mare
Via Polleri
V. Edilio Raggio
Indarsena - dal Gagge
Largo della Zecca
Piazzale dei Silos
Via Antonio Gramsci
Via Lomellini
Via Cairoli
Molo Ponte Morosini
Musei di Strada Nuova 8
Gallerie Nazionali di Palazzo Spinola 6
Ponte degli Spinola
Via al Mare Fabrizio De André
Acquario 13
Retrocucina - Trattoria moderna
Porto Antico
5 Loggia dei Mercanti
Ombre Rosse
12 Porto Antico (Alter Hafen)
Via Magazzini del Cotone
Via Calata Gadda
Via alla Calata Marinetta
V. Mura della Malapaga
Vico Malatti
Strada Aldo Moro
San Lorenzo 3
Piazza Cavour
Sà Pesta
Palazzo Ducale 2
V. dei Giustiani
Via al Molo Veccio
Via alle Riparazioni Navali
Lanterna
V. di Mascherona
Via dei Picchettini
Mura delle Grazie
La Forchetta Curiosa
200 m
200 yd

MARCO POLO HIGHLIGHTS

★ **ALTSTADT**
Das weitläufige Gassenlabyrinth der Alt- stadt steckt voller Entdeckungen ➤ S. 69

★ **MUSEO DI PALAZZO REALE**
Innen Goldschnörkel bis unters Dach und draußen königliche Hängegärten ➤ S. 74

★ **LANTERNA**
Seit dem 13. Jh. das Wahrzeichen Genuas ➤ S. 76

★ **SAN LORENZO**
In der Schatzkammer des Doms wird der Heilige Gral gehütet ➤ S. 72

★ **ACQUARIO**
Kaum zu glauben, wie viel kurioses Getier es im Meer gibt ➤ S. 76

★ **VIA GARIBALDI**
Die prachtvollen Palazzi der alten Familien ➤ S. 74

★ **MERCATO ORIENTALE**
Die Genueser Markthalle ist ein einziger Augenschmaus ➤ S. 78

★ **CIMITERO DI STAGLIENO**
Die monumentale Totenstadt der reichen Bürger Genuas ➤ S. 81

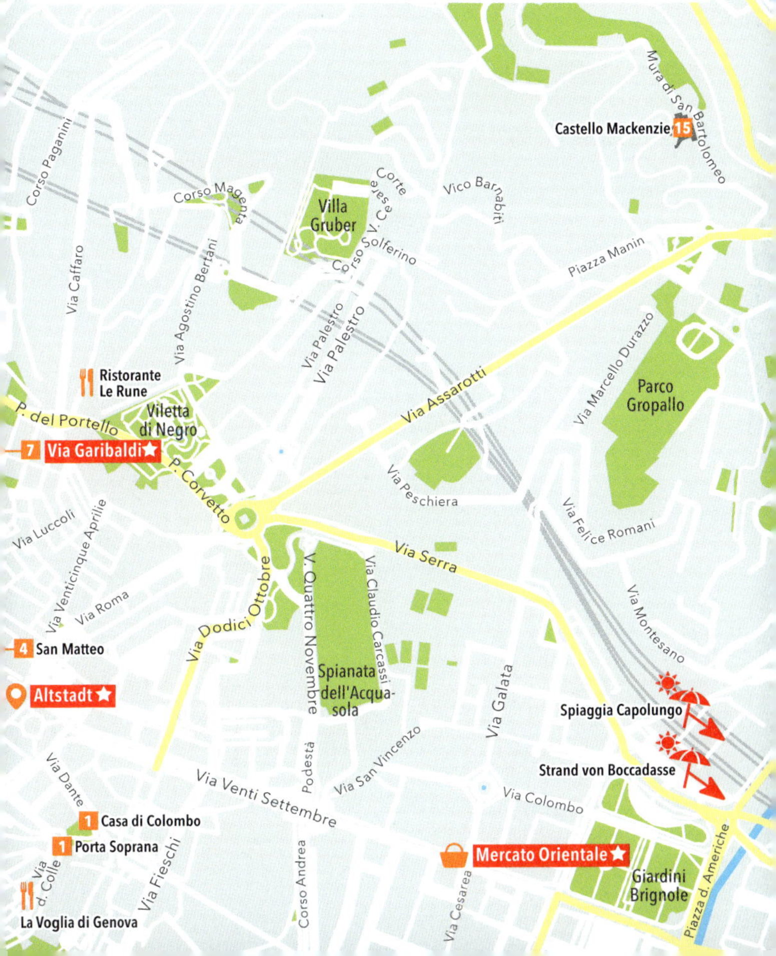

Ob vom Aussichtskran Bigo im Porto Antico, dem Alten Hafen, vom historischen Leuchtturm Lanterna oder vom Belvedere Castelletto, den man mit dem dem derzeit kostenlosen (sonst 90 Cent) Aufzug erreicht: Der Überblick über die schiefergrauen Dächer, die bunten Hafencontainer und weißen Kreuzfahrtschiffe zaubert vielleicht auch dir diesen gewissen Ausdruck ins Gesicht, den der *cantautore* Paolo Conte in seinem Lied „Genova per noi" besingt.

SIGHTSEEING

Die *Genova Museum Card (15 Euro/24 Std.)* gewährt freien Zugang zu 28 Museen und weitere Ermäßigungen, darunter auch die freie Nutzung des ÖPNV. *visitgenoa.it/de/card*

1 CASA DI COLOMBO & PORTA SOPRANA

Die Porta Soprana an der Piazza Dante ist eines der letzten Stadttore (um 1200). Hinzu kommen die verbliebenen Säulen eines Kreuzgangs und das unspektakuläre Haus, in dem angeblich Christoph Kolumbus im 15. Jh. aufgewachsen sein soll. Innen ist das damalige Familienleben nachgestellt. *Mai–Sept. Di–Fr 10–18, Sa/So 10–19, Okt.–April Di–Fr 10–17, Sa/So 10–17.30 Uhr | Piazza Dante | museidigenova.it | 40 Min. | d4*

2 PALAZZO DUCALE

Der einstige, sehr imposante Amtspalast des Dogen ist heute das Kulturzentrum Genuas schlechthin, mit Ausstellungen, Jazzmuseum, Buchladen und Cafés. Man begann mit dem Bau im 14. Jh., seine prächtige klassizistische Fassade erhielt der Palazzo im 18. Jh. *Tgl. 7–23 Uhr, Ausstellungen abweichende Zeiten | Piazza Matteotti | palazzoducale.genova.it | 45 Min. | d3*

3 SAN LORENZO ★

In der Lünette über dem Hauptportal sieht man den hl. Laurentius, dem der Dom geweiht ist, auf dem Rost – sein Martyrium: eine von vielen plastisch-anschaulich in Stein gemeißelten Geschichten an der Domfassade. Die Kirche haben so viele Einflüsse und Epochen geprägt wie die Stadt selbst. Wundere dich nicht, wenn dir etwas römisch oder byzantinisch vorkommt: Das steckt alles tatsächlich in der Fassade. Blickfang im Innern ist die Johannes dem Täufer geweihte Marmorkapelle im linken Seitenschiff. Die

WOHIN ZUERST?

Am besten startest du an der zentralen **Piazza De Ferrari** *(d3–4)* in der Innenstadt und spazierst durch die Altstadt hinunter zum Porto Antico. Vom Hauptbahnhof Piazza Principe gelangst du mit der U-Bahn (vier Haltestellen) hierher, vom Bahnhof Brignole ebenfalls oder mit Buslinie 3. Das Auto parkst du im Parkhaus *Corte Lambruschini (Via Tommaso Invrea 3)* nahe dem Bahnhof Brignole bzw. noch zentraler im *Royal Park Corvetto (Via Martin Piaggio 11r)* – pro Stunde 2–3 Euro, pro Tag 15–25 Euro.

Nationalgalerie im Palazzo Spinola: wertvolle Gemälde und eine Panoramadachterrasse

englische Granate im rechten Seitenschiff landete 1941 während einer Bombardierung Genuas in der Kirche, explodierte wundersamerweise aber nicht. Unbedingt besuchenswert ist das reizvoll modern gestaltete *Museo del Tesoro di San Lorenzo (Mo–Sa 9–12 und 15–18 Uhr | museidigenova.it | ⏲ 40 Min.).* Es hütet den sogenannten Heiligen Gral, eine smaragdgrüne, sechseckige Glasschale, die der Legende nach das Blut Christi, den Wein des Abendmahls, enthalten haben soll. *d3*

4 SAN MATTEO

Als würden die Palazzi mit dem römisch-gotischen Kirchlein Vater-Mutter-Kind spielen, so umrahmen sie es. In der Kirche dreht sich dann alles um: Der Raum ist groß und golden. Das ganze Ensemble war einst das Wohnviertel der mächtigen Doria-Familie, der Doge Andrea liegt in der Krypta begraben. ⏲ *15 Min.* | *d3*

5 LOGGIA DEI MERCANTI

Genueser Händlergeist: An der Altstadtgasse Via San Luca liegt die *Piazza dei Banchi,* ehemals Platz der Geldwechsler, mit dieser Arkadenhalle aus dem 16. Jh., in die im 19. Jh. die erste Warenbörse Italiens einzog (heute Ausstellungshalle). Selbst die ockerrot gestreifte Kirche *San Pietro* steht auf einem Sockel aus Geschäften. *c–d3*

6 GALLERIE NAZIONALI DI PALAZZO SPINOLA

Der prachtvolle Altstadtpalast der alten Familie Spinola zeigt ihre kostbare Sammlung von Skulpturen und Gemälden mit Werken von Pieter Paul Rubens, Anthonis van Dyck und Gre-

INSIDER-TIPP **Fürstlicher Ausblick**

gorio De Ferrari. Von der kleinen Dachterrasse aus hast du einen phantastischen Rundblick über die Dächer Genuas. *April–Sept. Di–Fr 9–19, Sa/So 10–19.30, Okt.–März Di–Fr 9–18.30, Sa/So 9.30–18.30 Uhr, 1. So im Monat mit freiem Eintritt | Piazza Pellicceria 1 | palazzospinola.beniculturali.it | 45 Min. | d3*

7 VIA GARIBALDI ★

Jede Hausnummer an dieser Straße im Zentrum steht für einen prachtvollen Renaissance- bzw. Barockpalazzo der reichen Bankiers- und Händlerfamilien des goldenen Zeitalters Genuas, des 16./17. Jhs – die Glanzpunkte der insgesamt 42 *rolli*. In viele kann man hineinschauen, denn sie sind heute Banken, Handelskammer, Museen mit wertvollen Gemäldesammlungen *(Palazzo Rosso, Nr. 18, Palazzo Bianco, Nr. 11)* bzw. Rathaus *(Palazzo Tursi)* – siehe Musei di Strada Nuova. *d2–3*

8 MUSEI DI STRADA NUOVA

Ein Museumskomplex aus drei alten Palazzi an der Prachtstraße Via Garibaldi: Dazu gehören die beiden berühmten Gemäldesammlungen (Dürer, Rubens, Zurbarán, Caravaggio u. a.) des *Palazzo Rosso* und des *Palazzo Bianco* sowie des wunderschönen *Palazzo Doria Tursi,* der mit dem benachbarten Palazzo Bianco verbunden ist. *Mitte April–Sept. Di–Fr 9–19, Sa/So 10–19.30, Okt.–März Di–Fr 9–18.30, Sa/So 9.30–18.30 Uhr | Via Garibaldi 18 | museidigenova.it | 3–4 Std. | d2–3*

9 MUSEO DI PALAZZO REALE ★

In diesem monumentalen Palast mit schönen Hängegärten residierten die italienischen Könige während ihrer

I ROLLI: GENUAS ALTSTADTPALÄSTE

Genuas goldenes Zeitalter begann 1528, als der große Admiral Andrea Doria mit Spanien unter dem Habsburgerkaiser Karl V. einen Vertrag abschloss, der ihn zum Oberhaupt der spanischen Flotte machte und die Genueser Kaufleute und Bankiers im Schlepptau der neuen Großmacht Spanien zu den aktivsten Geldverleihern und Finanzhändlern Europas. Eine Geldoligarchie aus Genueser Bankiersfamilien entwickelte sich, die ihren sagenhaften Reichtum aus der Verzinsung des Geldverleihs in den Bau prachtvoller Palazzi steckte, die sie mit den schönsten Gemälden der besten Künstler des 16. und 17. Jhs. füllte – Palazzi und Gemäldesammlungen, die man heute bewundern kann. 42 dieser Prachtbauten stehen auf der Unesco-Liste des Weltkulturerbes, *rolli* werden sie genannt (nach *rotoli del catasto,* Katasterrollen). In der oberen Altstadt und vor allem um zwei Straßenzüge gruppieren sie sich noch heute: an der Via Garibaldi mit dem Rathaus und den Museumspalästen sowie an der Via Balbi mit den Universitätspalazzi. *rolliestradenuove.it*

Aufenthalte in Genua. Die zauberhafte Spiegelgalerie und kostbares Mobiliar sind eindrucksvolle Zeugnisse vom luxuriösen Lebensstil während des goldenen Zeitalters von Genua. *Di und So 13.30–19, Mi–Sa 9–19 Uhr | Via Balbi 10 | palazzorealegenova.beniculturali.it | 1 Std. | c2*

10 CASTELLO D'ALBERTIS – MUSEO DELLE CULTURE DEL MONDO

Zu einer ordentlichen Seefahrerstadt gehören immer auch ein paar exotische Importe: kreativ geformte Instrumente, aufwendig gewebte Wandteppiche und natürlich Kunst. Für Genua hat die der Abenteurer und Ethnologe Enrico Alberto d'Albertis (1846–1932) besorgt. Von seinen Reisen in ferne Länder brachte er hochinteressante Zeugnisse der Kulturen Asiens, Afrikas und Ozeaniens mit. Sein neogotisches Kastell ist an sich schon sehenswert: eine echte Abenteurerhöhle mit einem Park, wie ihn ein Vielgereister gestaltet. Von der Via Balbi beim Bahnhof Piazza Principe gelangt man im Aufzug *Ascensore Castello d'Albertis* hinauf. *Mai–Sept. Di–Fr 10–18, Sa/So 10–19, Okt.–April Di–Fr 10–17, Sa/So 10–18 Uhr | Corso Dogali 18 | museidigenova.it | 2 Std. | b–c1*

11 VILLA DEL PRINCIPE PALAZZO DI ANDREA DORIA

Die Herrscherresidenz, die sich der von Karl V. zum Fürsten über die Republik Genua ernannte Andrea Doria errichten ließ, wirkt beschaulich bieder, der Garten nach dem Stadtgewimmel erholsam. Im Hintergrund erhebt sich wie ein Gebirgsmassiv bizarr das mo-

Mit den Palazzi in der Via Garibaldi zeigten Genuas Banker ihren Reichtum

derne Genua. *Tgl. 10–18 Uhr | Piazza del Principe 4 | doriapamphilj.it | 1½ Std. | a1*

12 PORTO ANTICO (ALTER HAFEN)

Dank der Neugestaltung durch Genuas großen Architekten Renzo Piano in den 1990er-Jahren ist der Alte Hafen das Freizeitareal der Genueser geworden: Hier wird flaniert und geskatet, hier finden sich das Aquarium und das Meeresmuseum, es gibt Cafés, Restaurants, Shops, Hotels, ein Schwimmbad, einen Konzertplatz, den nachgebauten historischen Schoner

Nettuno und die beiden Panoramatürme, den modernen *Bigo (März–Mai und Sept./Okt. Mo 14–18, Di–So 10–18, Juni–Aug. Mo 17–22, Di–So 10–12 und 17–22, Nov.–Feb. Sa/So 10–17 Uhr)* mit Aufzug, ein stilisierter Verladekran, und den alten Leuchtturm ★ *Lanterna (Juni–Mitte Sept. Di–Fr 10–18, Sa/So 10–19, Mitte Sept.–Mai Fr–So 10–18 Uhr | lanternadigenova.it)*, das Wahrzeichen Genuas, mit einem kleinen Stadtmuseum im Sockel. Informationen zu Events und Infos auf *portoantico.it.* *a–c 2–3*

13 ACQUARIO ★

Im berühmten Aquarium im Alten Hafen leben 6000 Tierarten aus Meer und Küstenbereich. Stars sind die Haie, Lieblinge die Delphine und die Pinguine. Von den Einnahmen wird viel investiert in den Wissenschafts- und Tierschutzbereich – die Forschungsprojekte und Umweltaktionen der Einrichtung gelten als beispielhaft. Auch kommen ständig Attraktionen hinzu, eine der jüngsten Erweiterungen: ein artgerechtes Terrarium mit Schildkröten aus Madagaskar. *Tgl. 9–20 Uhr | Porto Antico, Ponte Spinola | acquariodigenova.it | 2–3 Std. | c3*

14 GALATA MUSEO DEL MARE

In einem Mix aus neuer Glasarchitektur und alten Werftanlagen im Porto Antico ist das moderne Museum zur Geschichte der Schifffahrt untergebracht, mit anschaulichen Szenen, Modellen und Filmausschnitten. Und lass dir den Ausblick von der Dachterrasse nicht entgehen! Vor dem Museum liegt wie ein riesiger Wal aus Eisen Italiens größtes U-Boot: 64 m ist die „Nazario Sauro" lang. *März–Okt. tgl. 10–19.30, Nov.–Feb. Di–Fr 10–18, Sa/So 10–19.30 Uhr | Calata De Mari 1 | galatamuseodelmare.it | 2 Std. | b2*

15 CASTELLO MACKENZIE

Ein Märchen-, ein Zauber-, ein Spukschloss, ein herrlich durchgeknalltes Kastell mit Grotten und Kapriolen im Panoramaviertel Castelletto, 1905 vom italienischen Großmeister des Eklektizismus Gino Coppedè gebaut. Was wäre die Welt ohne Vielfalt! Vormittags gibt es Führungen, zu denen man sich anmelden muss: *Mo–Fr 9, 10.30 und 12 Uhr | Tel. 01 08 39 50 29 | Mura di San Bartolomeo 16c | 1 Std. | 0*

ESSEN & TRINKEN

LA FORCHETTA CURIOSA

Lecker zubereitete ligurische Klassiker wie Stockfisch mit Polenta oder der Fisch-Gemüse-Eintopf *cappon magro*, dazu Weine aus biodynamischem Ausbau. *Tgl. | Piazza Negri 5r | Tel. 01 02 51 12 89 | €–€€ | d4*

SÀ PESTA

Eine Reise in die Vergangenheit: Hier wird in einem alten Salzlager aus dem Jahr 800 aufgetischt. Wegen der Spezialitäten – gefüllter Hackbraten, Sardinen aus dem Holzofen und die viel gerühmten Gemüsetorten – rennen Feinschmecker dem Traditionslokal die Türen ein. *So und außer Do–Sa abends geschl. | Via dei Giustiniani 16r | Tel. 01 02 46 83 36 | Facebook | €€ | c3*

Blickfang im Alten Hafen: Von Renzo Pianos Panoramaturm Bigo hast du alles im Blick

OMBRE ROSSE

Bücher und Bilder an der Wand, im Sommer eine lauschige Terrasse und Nachbarschaftstreff in der Altstadt, dazu mit leichter Hand zubereitete ligurische Spezialitäten, köstliche Gemüsetorten und Gerichte für Veganer. *Mo/Di und mittags geschl. | Vico degli Indoratori 20–22 | Tel. 01 02 75 76 08 | € | d3*

LA VOGLIA DI GENOVA

Im Hinterhof von Maurizio und Enrica atmest du unter Olivenbäumen bei Kerzenlicht auf. Mit Herzblut, hochwertigen Biozutaten und Sinn für Optik zaubern dir die beiden die ligurischen Geschmäcker in Reinform auf die Teller, sei es mit hausgemachter Pasta oder Fleisch- und Fischgerichten. *Mo und außer Fr–So mittags geschl. | Salita di Coccagna 10r | Tel. 01 00 92 66 99 | lavogliadigenova.it | €€ | d4*

RETROCUCINA – TRATTORIA MODERNA

„Retro, aber modern" klingt wie ein Widerspruch. Aber Francesco weiß seine traditionellen Rezepte mit einem frischen Dreh aufzuwerten – und sowieso macht er grundsätzlich alles, auch jede Nudel, selbst. *Mo und außer Sa/So mittags geschl. | Vico della Lepre 4–10 | Tel. 01 08 98 77 30 | €€ | d3*

RISTORANTE LE RUNE

Alberto und Simona kochen mit knackfrischen Zutaten, was die Jahreszeit hergibt. Serviert wird in heimeligem Ambiente und auch im winzigen Hinterhöfchen. *Sa-Mittag und So/Mo geschl. | Salita Inferiore Sant'Anna 13r | Tel. 0 10 59 49 51 | ristorantelerune.it | €€ | d2*

INDARSENA – DAL GAGGE

Am Pier neben dem Schifffahrtsmuseum Galata genießt man in dieser *oys-*

INSIDER-TIPP
Seeperlen schlürfen

ter bar ohne viel Schnickschnack Austern, frische Krabben und perlenden Weißwein. An den übrigen Muschelgerichten und kunstvoll zubereiteten Riesenkrabben kommen Fischgenießer auch nur schwer vorbei. *Mo/Di und mittags geschl. | Vecchia Darsena/ Calata Andalò Dinegro 4 | Tel. 34 77 13 90 20 | indarsena.it | €€€ | ▯ b2*

STREETFOOD & SNACKS

Noch finden sich in der Altstadt die traditionellen Imbissstuben, wo man Focaccia oder *farinata* bekommt, z. B. *Antica Sciamadda (So geschl. | Via San Giorgio 14r | € | ▯ c3)*. Eine der letzten *friggitorie,* wo man neben der *farinata* auch Gemüsetorten, Kutteleintopf und vieles mehr bekommt, ist die *Friggitoria Carega (Mo geschl. | Via Sottoripa 113r | € | ▯ c3)*. Ein neuerer Trend sind die zahlreichen orientalischen Imbissstuben in den *caruggi.*

Zum preiswerten Stillen des Mittagshungers: Die wahrscheinlich leckersten *panini* der Stadt haben das *Gran Ristoro (So geschl. | Via Sottoripa 27r | ▯ c3)* und *Colombo 92 (tgl. | Via Sottoripa 31r | ▯ c3)* unter den lebhaften Laubengängen auf dem Weg zum Hafen sowie, mit Slowfood-Produkten, das etwas teurere *Panino Italiano (So geschl. | Via XX Settembre 68r | ▯ e4)*.

SHOPPEN

An den größeren Straßen, die von der *Piazza De Ferrari (▯ d3–4)* abgehen – *Via XXV Aprile, Via XX Settembre, Via Roma* usw. –, liegt ein Geschäft neben dem anderen, etwa die *Giulio Bagnara Gallery (Via Roma 8 | ▯ d3)* mit wunderbaren Stoffen, Genueser Wandteppichen, Wäsche. Eine überdachte Einkaufsmeile ist die elegante *Galleria Mazzini (▯ d3)*. In der Altstadt finden sich zwischen 1-Euro-Trash und Kebabbuden originelle Schmuck-, Design- und Klamottenläden.

Die etwas andere Stadttour lässt sich gut mit einem Ladenbummel verbinden:

INSIDER-TIPP
Tante-Emma-Sightseeing

Knapp drei Dutzend historische Läden haben sich zu den *botteghe storiche* zusammengeschlossen *(botteghestoriche genova.it),* in einem Katalog (erhältlich in den Touristenbüros) stellen sie sich vor. Am Ende hast du womöglich deinen Bart in der *Barberia Giacalone* gelassen, ein Wässerchen aus der *Antica Farmacia* mitgenommen oder eine Krawatte bei *Finollo,* Pralinen in der *Pasticceria Villa – Profumo* probiert oder dich verloren zwischen Glaskunst, Schuhmacherei, Prägehandwerk – und nebenbei die Geschichte und Menschen der Stadt kennengelernt.

Hochwertige Vintagemode ist angesagt, etwa bei *Betty Page Boudoir (Via Luccoli 53r | ▯ d3)*. Glamouröse und witzige Designerstücke in grandiosen Sälen findest du bei *Via Garibaldi 12 (viagaribaldi12.com | ▯ d2–3)* ebenda an der Prachtstraße. Der Genueser Modeschöpfer *Andrea Odicini* ist seit Jahren ein großer Name in der internationalen Modeszene, seine Kreationen kann man in seiner Boutique *(Salita Santa Caterina 8 | ▯ e3)* bewundern. Selbst markterfahrene Reisende kommen auf dem ★ *Mercato Orientale*

Scampi, *vongole*, Doraden: Der Mercato Orientale verführt nicht nur Fischfans zum Schwelgen

(Mo–Sa | Via XX Settembre/Via Galata | e–f4) ins Schwärmen, dem auch optisch wunderbaren Lebensmittelmarkt in den Mauern eines alten Klosters. Eine zeitgenössische Delikatessenpräsentation ist *Eataly (Palazzo Millo | Calata Cattaneo 15 | c3)* im Alten Hafen mit einer sagenhaften Auswahl u. a. an ligurischen Ölen.

SPORT & SPASS

Im Alten Hafen starten beim Aquarium an den Anlegestellen Calata Mandraccio und Calata Spinola hinterm Kreuzfahrtterminal Hafenrundfahrten und Fahrten zur Halbinsel von Portofino *(liguriaviamare.it, battellierigenova.it)*. Im Sommer werden außerdem Schiffsausflüge zu den Cinque Terre und an den Golf von La Spezia sowie Ausfahrten zur Walsichtung *(whalewatchliguria.it)* angeboten. Ein Freibad mit Sonnenterrasse *(piscinaportoantico.it)* öffnet im Sommer mitten im Alten Hafen. Die Stimmung auf Genuas Plätzen und Gassen mal nicht mit Fotos einfangen, sondern mit Worten?

INSIDER-TIPP
Ode an die Gasse

Mach mit der Lyrikerin und Songwriterin Tania Haberland eine Creative-Writing-Stadttour *(Info und Anmeldung Tel. 3285632341 oder taniainapeagreenboat@gmail.com)* – so schöne Postkarten hast du garantiert noch nie verschickt!

STRÄNDE

Die Strände sind in diesem Küstenabschnitt meist eher schmal und drängen sich teilweise an die Steilküste wie die beliebte *Spiaggia Capolungo* etwas außerhalb im Stadtteil Nervi, die schöne Fotomotive hergibt. Pittoresk und selbst im Sommer nie allzu überlaufen ist auch der Steinstrand von *Boccadasse* mit sauberem Meer vor bunten Fischerhäuschen. Beide Strände sind zum Teil Freistrände. Die Stadtstrände mit ihren Badeanstalten liegen im Osten der Stadt unterhalb der Küstenstraße Corso Italia. Besonders angesagt ist der schicke Beachclub *Goa Beach (Lungomare Lombardo 21)*, der vom Restaurant über den Pool bis zu den Loungeecken maximalen Wert auf Eleganz und Exklusivität legt und wo du bis in den Morgengrauen feiern kannst.

AUSGEHEN & FEIERN

Abends biegen sich die Theken der Bars unter den Snacks und köstlichen Kleinigkeiten, die zum ausgiebigen, typisch italienischen *aperitivo* gehören. In der Altstadt geht es meist erst mal an der *Piazza delle Erbe* *(d4)* vor der Kneipe Berto oder an der *Piazza della Lepre* *(d3)* los. Sehr empfehlenswert ist der Aperitif im entzückenden alten *Caffè degli Specchi (Salita Pollaiuoli 43r | d4)* oder im Sommer im Porto Antico im Szenelokal *Banana Tsunami (Piazza delle Feste | c3)*.

INSIDER-TIPP
Wissen, was geht

Eine exzellente Website über die Szene, neue Lokale, Events ist *mentelocale.it*. Musiker und Kleinkünstler haben die *Giardini Luzzati (Facebook | d4)* zu einem florierenden Szenetreff umfunktioniert. Ebenfalls auf Livemusik spezialisiert ist gleich um die Ecke das *La Claque (Vicolo di San Donato 9 | laclaque.it | d4)*. Im *Centro Sociale Zapata (Via Sampierdarena 36 | 0)* geht es unter steinernen Gewölben bei Rock, Reggae, Ska und Punk zur Sache. Abende mit Folk, Chansons und Jazz organisiert die Bar *Beautiful Loser (Piazza Marsala 6r | beautifulloser.it | e2)*.

Im Sommer verlagert sich die Szene an die Küstenstraße *Corso Italia* *(0)* im Osten mit Moonlightdiscos und Klippenrestaurants. Im Juni verwandelt sich der Porto Antico beim Basarfest *Suq (suqgenova.it)*, organisiert von der Einwanderercommunity, in einen quirligen Basar voller Farben und Aromen, voll Tanz, Theater und Musik aus aller Welt.

INSIDER-TIPP
Die ganze Welt im Alten Hafen

Das im Zweiten Weltkrieg zerstörte Opernhaus *Teatro Carlo Felice (Piazza De Ferrari | carlofelice.it | d3)* ist 1991 von Aldo Rossi hinter alten Fassadenresten hochmodern neu erbaut worden und wird seither mit hochwertigem Programm bespielt.

RUND UM GENUA

BOCCADASSE

4 km östlich vom Zentrum/25 Min. mit dem Bus vom Bahnhof Brignole

Die winzige, pittoreske Fischersiedlung an einer kleinen Bucht am Meer ist eine romantische Idylle im südöstlichen Stadtgebiet. Am Wochenende füllen sich die Restaurants auf den Felsen. Oder man trifft sich zum lockeren Aperitif im *Patanegra* oder im *La Strambata*. L3

Achtung, Gischtfontänen: Dem Meer ganz nah kommst du beim Klippenspaziergang in Nervi

NERVI

9 km östlich vom Zentrum/15 Min. mit der Bahn ab Bahnhof Brignole

Der Vorort am äußersten östlichen Ende des Genueser Stadtgebiets verlockt zu einem schönen Klippenspaziergang, der *Passeggiata Anita Garibaldi;* dazu gibt es gepflegte Parks mit zauberhaften Villen. Einige beherbergen interessante Sammlungen italienischer Kunst des 20. Jhs. wie die *Wolfsoniana,* eine eindrucksvolle Kollektion angewandter Kunst aus dem 19. und der ersten Hälfte des 20. Jhs: Da wirken Teekannen schon mal wie tätowiert und Stühle wie eingekleidet. 🕮 L–M3

CIMITERO DI STAGLIENO ★

3 km nördlich vom Zentrum/30 Min. mit dem Bus ab Bahnhof Brignole

Kein schlichter Friedhof, sondern eine regelrechte Totenstadt am nördlichen Stadtrand mit monumentalen, pompösen Grabstätten in der schmachtend-naturalistischen Trauerbildhauerei, wie sie im 19. Jh en vogue war. *Tgl. 7.30–17 Uhr | Piazzale Resasco (Busse 13, 14, 34, 48) | staglieno.comune.genova.it |* 🕮 L2

FESTUNGSANLAGEN PARCO DELLE MURA

8 km nördlich vom Zentrum/25 Min. mit der Casella-Bahn ab Piazza Manin, Haltestelle Campi

Ein Dutzend teils gut erhaltener, herrlich gelegener Forts aus dem 16./17. Jh. sind über einen Wanderweg (drei bis vier Stunden) miteinander verbunden. Er beginnt beim Aussichtshügel *Righi,* den man mit der Standseilbahn vom *Largo della Zecca* (🕮 d2) erreicht. Oder man nimmt den Bummelzug *Casella* ab Piazza Manin (🕮 f2), der ins Hinterland hinaufführt bis ins Dorf *Casella,* eine herrliche Slow-Travel-Panoramafahrt. 🕮 L2

INSIDER-TIPP
Eine Zugfahrt, die ist lustig

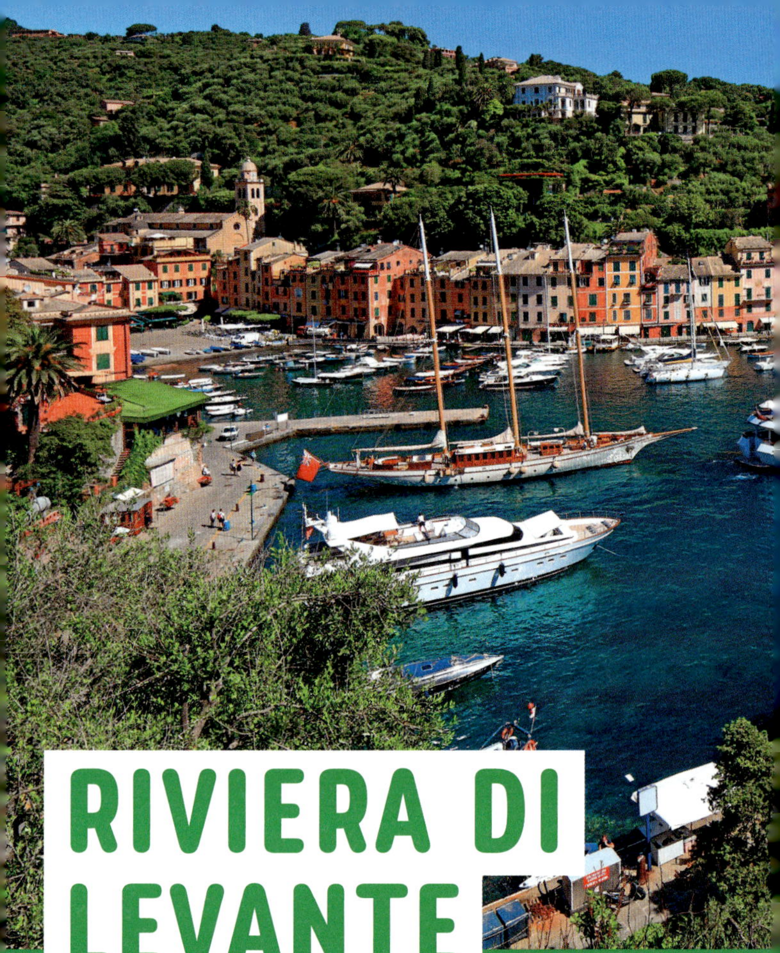

RIVIERA DI LEVANTE

PARADIESBUCHTEN VOR SCHROFFER FELSKULISSE

Golfo Paradiso, Baia delle Favole, Baia del Silenzio – zauberhafte Namen tragen die Buchten an der Küste der Levante, der aufgehenden Sonne: paradiesisch, märchenhaft, still. Zu Recht! Und der Golfo dei Poeti, der Golf der Dichter bei Lerici, schlug schon im 19. Jh. Dichter wie Lord Byron, Percy B. Shelley und John Keats in seinen Bann.

Im Vergleich zur flacheren, weitläufigeren Riviera di Ponente mit ihren Sandstränden schiebt sich der Apennin hier dichter und steiler

Ja, hier kostet alles ein paar Euro mehr – aber wenigstens ein Tagesbesuch muss sein: Portofino

an die Küste. Manche Orte drücken sich an Felsnasen und in winzige Buchten. Spektakuläre Beispiele dafür sind die Bucht von San Fruttuoso und der kleine Golf von Portofino.

Herrliche Wanderwege führen die Küste entlang – sie ziehen sich mal hoch über Kämme, mal an steilen Terrassenhängen durch Weinberge, Olivenhaine und im Schatten mediterraner Macchia, fast immer mit Blick auf das glitzernde Meer, das tief unten an den Felsen emporschäumt.

RIVIERA DI LEVANTE

MARCO POLO HIGHLIGHTS

★ **CAMOGLI**
Wo die Häuserfassaden die Küstenklippen bunt färben ➤ S. 86

★ **PORTOFINO**
Allein der Blick ist einen Abstecher wert ➤ S. 92

★ **PORTOVENERE**
Ein magischer Flecken an der Felsküste des Golfs von La Spezia ➤ S. 104

★ **STELEN AUS DER LUNIGIANA**
Geheimnisvolle Steinfiguren in La Spezia ➤ S. 103

★ **BASILICA SAN SALVATORE DEI FIESCHI**
Eine der schönsten mittelalterlichen Kirchen Liguriens in toller Lage über Chiavari ➤ S. 96

★ **BAIA DEL SILENZIO**
Die feinsandige „Bucht der Stille" in Sestri Levante, gerahmt von stattlichen Palazzi ➤ S. 100

★ **SAN FRUTTUOSO**
Verträumte, mittelalterliche Abtei in einer wunderschönen Bucht ➤ S. 93

CAMOGLI

(🕮 M3) ★ **Camogli am Golfo Paradiso vor der Kulisse der Halbinsel von Portofino ist für viele der (teure) Lieblingsort an der Levante.**
Das Küstenstädtchen (5000 Ew.) bezaubert mit seiner Häuserfront, die sich am Strand in engem Schulterschluss auftürmt: stattliche Häuser mit hoch aufgeschossenen Fassaden in wunderschönen Farben und zusätzlich im Trompe-l'Œil-Stil aufgemalten Fenstern. Einst gab es hier Werften und Handelsgesellschaften, im 18. Jh. war die Flotte von Camogli größer als die Genuas. Viele Mailänder haben heute hier ihre Ferienwohnung, möglichst mit Blick aufs Meer und den Kieselstrand. Diese Kieselsteine sind auf vielen Gassen und dem Kirchvorplatz zu schönen Pflastermustern gelegt.
Von Camogli geht es hinauf in die Dörfer Ruta und ins herrlich gelegene San Rocco, Ausgangspunkte für Wanderungen an die Landspitze Punta Chiappa, über den Bergrücken des Naturparks Monte Portofino in die Klosterbucht von San Fruttuoso und weiter bis Portofino.

SIGHTSEEING

HAFEN

Die Kaimauer der kleinen, beschaulichen Hafenanlage mit bunten Fischerbooten stammt aus dem 17. Jh.; vom kieseligen Strand trennt ihn ein Felsen, auf dem sich das mittelalterliche *Castello Dragone* sowie die trutzige Pfarrkirche mit prachtvollem Innern erheben. Vom Hafen starten Ausflugsboote nach San Fruttuoso, Portofino, in die Cinque Terre etc.

MUSEO MARINARO GIO BONO FERRARI

Schiffsmodelle, Gemälde und Fotografien zeigen die imposanten Segler, die hier einst gebaut wurden. *Di–So 9–12, im Sommer Sa/So auch 15–18 Uhr | Via Gio Bono Ferrari 42 | museomarinaro.it | ⏲ 40 Min.*

SANTUARIO DEL BOSCHETTO

Auf dem Weg ins oberhalb von Camogli gelegene Dorf Ruta kommt man durch den Ortsteil Boschetto mit der Marienkirche Nostra Signora del Boschetto (17. Jh.); hier lohnt die Sammlung von anrührenden Exvotobildern einen Blick.

ESSEN & TRINKEN

LA BOSSA DI MARIO

Neben gutem Wein überzeugt dieses kleine Lokal im Zentrum mit seiner einfallsreichen, stets frischen Fischküche. *Mi und mittags geschl. | Via della Repubblica 124 | Tel. 01 85 77 25 05 | €€*

LA CUCINA DI NONNA NINA

Den Ausflug (ein schöner, dreiviertelstündiger Spaziergang oder 4 km mit dem Auto) ins oberhalb gelegene Panoramadorf San Rocco krönen die leckeren Gemüsetorten auf der lauschigen Terrasse. Ein Klassiker, unbedingt reservieren! *Tgl. | Via Molfino 126 | Tel. 01 85 77 38 35 | lacucinadinonnanina.com | €€–€€€*

Markant und typisch ligurisch: die Front der hoch aufgeschossenen Häuser an Camoglis Hafen

BAR DAI MUAGETTI

Etwa eine Stunde dauert die Wanderung über San Rocco zur Punta Chiappa – es sei denn du kehrst unterwegs ein: Vor grobem Fels bei bestem Fingerfood oder zum Aperitif ist der Tisch am Abgrund die richtige Wahl für eindrucksvolle Gefühle. (Wer mit dem Auto kommt: Anfahrt über San Rocco). *Mai–Sept. tgl. | Via Mortola 2 | Tel. 34 65 12 66 55 | €*

INSIDER-TIPP
Ein wunderbares Rastplätzchen

SHOPPEN

PASTICCERIA REVELLO

Die Rumkugeln sind's! Ohne die *camogliesi* darf man hier nicht weg. Die nichtalkoholischen Varianten mit und ohne Kakao sind ähnlich lecker. *Via Garibaldi 183*

SPORT & SPASS

Tauchausflüge in die Tiefen des Naturreservats am Monte Portofino organisiert das *BB Diving-Center (Via San Fortunato 7 | Tel. 01 85 77 27 51 | bbdiving.it)* mit Sitz am Hafen. Bootsausflüge entlang der wunderschönen Küste nach Genua, Portofino, Portovenere und in die Cinque Terre starten im Sommer täglich vom Hafen *(Via Piero Schiaffino 15/4 | Tel. 01 85 77 20 91 | golfoparadiso.it)*. Etwas ganz Besonderes ist ein Aquarellkurs: Das Material wird gestellt, die Technik erklären die Künstlerinnen von der Galerie *Studio Avart (Info und Anmeldung unter info@studioavart.com oder tgl. in der Via al Molo 10 bei der Mole)* – und welches Motiv würde sich besser eignen

INSIDER-TIPP
Mal doch mal das Meer

als die bunten, hohen Häuser des Fischerstädtchens; oder der Hafen; oder das Meer ...

STRÄNDE

Unterhalb der Festung erstreckt sich der öffentliche Strand aus grobem Kies. Ansonsten gibt es im 2 km nördlich gelegenen *Recco* einen kleinen, zum Teil bewirteten Strand mit feinem Kies.

RUND UM CAMOGLI

1 RECCO

2 km westlich von Camogli/4 Min. mit der Bahn

Der eigentlich nicht besonders attraktive Ort ist in ganz Ligurien berühmt für seine *focaccia al formaggio*, einen Hefeteigfladen mit Käse. Die Focaccia von Recco ist ein Markenzeichen. Wenn du nicht zufällig am vierten Maiwochenende zum Focacciafest in Recco bist, probier sie in einer Focacciabäckerei, z. B. bei *Tossini (Via Assereto 7)*. *M3*

2 PIEVE LIGURE

7 km westlich von Camogli/15 Min. mit der Bahn

Pieve Ligure mit seinem alten Ortsteil Pieve Alta hoch über dem felsigen Küstensaum verdankt die frühe Mimosenblüte (ihr zu Ehren ein Fest Anfang Februar) seinem extrem milden Klima. Und wilde Orchideen blühen auf den Bergwiesen des nahen *Monte di Santa Croce,* zu dem ein Wanderweg von Pieve Alta hinaufführt. *M3*

3 TORRIGLIA

40 km nördlich von Camogli/ 1 Std. 10 Min. über Uscio und Lumarzo

In den knapp in den Bergen gelegenen Luftkurort (2200 Ew.) führt eine schöne Landschaftstour über den Passo della Scoffera und über sehenswerte Orte wie Uscio und Lumarzo. Von Torriglia starten Ausflüge auf den unter Naturschutz gestellten *Monte Antola* (1597 m), wegen seiner weichen,

DAS GROSSE BRUTZELN

Weltrekord! Man kann es kaum glauben : In einer gigantischen Pfanne – 4 m Durchmesser und mit einem stattliche 6 m langen Stiel – werden 1000 kg Fische und Meeresfrüchte in 1000 l siedendem Öl frittiert. Daran essen sich bei der *Sagra del Pesce* in Camogli am zweiten Maiwochenende mindestens 10 000 Menschen satt – im Namen von San Fortunato, dem Schutzpatron von Camogli, dessen Silberbüste in feierlicher Prozession durch die Gassen getragen wird. Nicht nur in der Megapfanne, sondern an allen Straßenecken wird gebrutzelt – wie immer, wenn es in Italien was zu feiern gibt. Stimmungsvoll ist schon der Vorabend, wenn zu Ehren des Heiligen am Strand kunstvoll gezimmerte Holzfiguren verbrannt werden.

im Frühling duftig blühenden Wiesen, seiner verstreuten Dorf- und Burgreste und seiner herrlichen Ausblicke ein beliebtes Wandergebiet. *M1–2*

4 PUNTA CHIAPPA

4 km südlich von Camogli/20 Min. mit der Fähre

Auf diese Landspitze der Halbinsel von Portofino gelangt man im Sommer mit Fährbooten oder über einen malerischen, etwa zweistündigen Küstenspaziergang. Ein Hideaway ist hier das charmant restaurierte Hotel *Stella Maris (Via San Nicolò 68 | Tel. 01 85 77 02 85 | stellamaris.cc | €€€)* mit Restaurant und sagenhafter Aussichtsterrasse, ideal für Romantiker. Man erreicht es nur zu Fuß oder (in Absprache mit dem Hotel) mit dem Boot. *M3*

SANTA MARGHERITA LIGURE

Ordentlich Platz für Badegäste: Parade der Strandhütten in Santa Margherita Ligure

(N3) **Im wohl edelsten Yachthafen der Riviera liegen prachtvolle, hochseetaugliche Motor- und Segelyachten unter exotischen Flaggen vor Anker.**

Dass der einstige Fischerort (8500 Ew.) zu den seit eh und je beliebtesten ligurischen Ferienorten zählt, zeigen auch die vielen schönen alten Hotels aus der Wende zum 20. Jh. und heute die vielen feinen Modeboutiquen. Alles ist ein bisschen teurer als anderswo, z.B. so manches Strandbad, besonders wenn es so schön liegt wie in der zauberhaften Bucht von *Paraggi* an der atemraubenden Küstenstraße nach Portofino. Ein Stimmungshighlight ist der Sonnenuntergang von der Klippenpromenade. Busse fahren die schmale Strecke mehrmals täglich ab, aufs Auto solltest du möglichst verzichten.

Santa Margherita verströmt urban-mondänes Flair, man bummelt, trifft

Im Park der Villa Durazzo von Santa Margherita: Palmenpracht und Marmormonumente

sich, in den Lounges der alten Luxusherbergen wird Bridge gespielt, in den American Bars am Lungomare schlürft man seine Cocktails. Aber keine Sorge, Santa Margherita ist trotz allem auch für normale Urlauber das richtige Ziel. Die andere Seite zeigt sich in den Gassen der Innenstadt, wo geschäftig am Gemüsestand verhandelt wird und jeder irgendwohin unterwegs ist. Neben den luxuriösen Villenhotels (z. B. das Belle-Époque-Hotel Imperiale Palace, in dem 1922 die Verträge von Rapallo geschlossen wurden) gibt es ansprechende Ferienhotels im ligurischen Stil. Und immer noch laufen auch Fischerboote ein und beliefern den Fischmarkt, der montags bis freitags um 17 Uhr am Hafen *(Corso Marconi)* seine Stände öffnet. Und abends übernimmt hier die Jugend ganz klar das Ruder.

SIGHTSEEING

PARCO FLAUTO MAGICO

Der Genueser Bühnenbildner und Illustrator Emanuele Luzzati hat den *Parco Carmagnola,* inspiriert durch Mozarts „Zauberflöte", in einen Traumgarten für Kinder (und Erwachsene) umgestaltet: Zwischen Palmen, Eukalyptus und unter Schirmpinien beleben ihn phantasievolle poetische Konstruktionen, die zugleich als Kletter- und Spielgeräte dienen. Auch ein Minigolfplatz gehört dazu. *Corso Rainusso*

INSIDER-TIPP
Phantasieren im Tagtraumgarten

VILLA DURAZZO

In dieser hoch gelegenen, üppigen Parkanlage, halb italienischer Garten, halb englischer Park, lässt es sich herrlich Luft schnappen. In der *Villa (tgl. 9.30–13 und 14-17, April–Okt. bis 18 Uhr)* lässt sich an Einrichtung und Gemälden der Kunstsinn der Belle Époque inhalieren. *Tgl. 9–17, April–Okt. bis 19 Uhr | Via San Francesco d'Assisi 3 | villadurazzo.it | ⏲ 1½ Std.*

LA CERVARA

Zur stattlichen ehemaligen Benediktinerabtei *Abbazia San Girolamo al Monte di Portofino* in der Vegetation oberhalb der Paraggi-Bucht – heute Wedding- und Kongresslocation – gehört dieser wunderschöne Park, den man am ersten und dritten Sonntag im Monat besuchen kann. Diese Gelegenheit solltest du wahrnehmen, um die Hecken zu sehen, die wie Locken onduliert sind, und zu bestaunen, wie ein Garten auch ohne viele Blüten bunt sein kann. *Führungen 10, 11, 12, Uhr | anmelden unter Tel. 01 85 29 30 26 oder visite@cervara.it | cervara.it | ⏲ 1 Std.*

ESSEN & TRINKEN

L'ALTRO EDEN

Direkt am Hafen: stylish-modern, gute Fischküche, betuchte Stammgäste. *Di und außer Sa/So mittags geschl. | Calata del Porto 11 | Tel. 01 85 29 30 56 | laltro.ristoranteeden.com | €€€*

OSTERIA N° 7

Das Drumherum ist unkompliziert und die ligurischen Gerichte sehen nicht nur zum Reinbeißen aus – sie sind es auch! *Di geschl. | Via Jacopo Ruffini 36 | Tel. 01 85 28 17 03 | €*

BAICIN

Sympathische Trattoria in der Fußgängergasse, neben Fisch auch handfeste Fleischgerichte. *Di-Mittag geschl. | Via Algeria 5 | Tel. 01 85 28 67 63 | €*

SPORT & SPASS

Es gibt Tauch-, Surf- und Segelschulen und auch mit einem Kajak lässt sich die Küste erkunden. Im Sommer bietet das Touristenbüro sehr lohnende geführte Wanderungen durchs Hinterland an.

STRÄNDE

Exklusive Strandbäder wie das *Oasi al Mare* und „normale" wie das *Bagno Margherita* lösen einander am feinen Kiesstrand ab; nahe am Hafen liegen die freien Strandabschnitte.

AUSGEHEN & FEIERN

Die *movida* in „Santa", wie man kurz sagt, gilt als die beste an der Levante; einer ihrer Hotspots – zum Aperitif, zum Essen, zum Cocktail in Kultbars wie *Sabot* und *Miami Café* – ist die zur Küstenstraße offene *Piazza Martiri della Libertà*. Tagsüber Strandbad am feinen Strand Paraggi, abends Restaurant und Nachtlokal mit Disco ist *Le Carillon (lecarillonportofino.it)*, ein schicker, exklusiver Dauerbrenner. Exponiert auf den Klippen zwischen Santa Margherita und Portofino liegt das *Covo di Nord Est (covodinordest.it)* mit Diskothek, Restaurants und Strandclub mit Bars. Allabendlich pflastern die Autos die Küstenstraße zu, viele kommen zu Fuß.

RUND UM SANTA MARGHERITA

5 RAPALLO

3 km nördlich von Santa Margherita/ 4 Min. mit der Bahn

Auch das unmittelbar an Santa Margherita anschließende Rapallo war einmal eine sehr mondäne Sommerfrische. Ein paar alte Hotels in üppigen Gärten deuten das noch an. Doch im größten Zentrum (29 000 Ew.) am Golfo del Tigullio setzte in den 1960er-Jahren das ein, was man seither in Italien *rapallizzazione* nennt: die zügellose Verstädterung und Zersiedelung eines in der Belle Époque wunderschönen Seebads. In zahlreichen Apartmenthäusern und Pensionen überwintern hier pensionierte Mailänder und Turiner. Aber es gibt auch eine rege Kongressaktivität und Sportanlagen, etwa den prämierten *Golfplatz (golfetennisrapallo.it).* Entspannung und Erholung versprechen die Wellnessbereiche in einigen der prachtvollen Hotels. In den Geschichtsbüchern taucht der Name Rapallo auf als der Ort, an dem man sich in den 1920er-Jahren zu Friedens- und Reparationsverhandlungen zwischen Russland und Deutschland nach dem Ersten Weltkrieg traf.

Wenige Kilometer oberhalb von Rapallo in San Massimo ist *U Giancu (Mi und außer Sa/So mittags geschl. | Via San Massimo 78 | Tel. 01 85 26 05 05 | ugiancu.it | €€)* ein ganz besonderer Tipp: Bekannte Comiczeichner haben sich hier verewigt, das Bier wird selbst gebraut und vor allem kannst du hier (nach Anmeldung) selber kochen – gemeinsam mit der Crew. Sehenswert ist die auch mit der Seilbahn zu erreichende Wallfahrtskirche *Santuario della Madonna di Montallegro* 11 km nördlich mit einer reichhaltigen Exvotosammlung. *N3*

INSIDER-TIPP Koch im Comicteam

6 PORTOFINO ★

5 km südlich von Santa Margherita/ 15 Min. mit der Fähre

Ein 5 km langer, sehr schöner Küstenspazierweg führt zunächst längs der Küstenstraße vorbei an den Stränden von Santa Margherita und dann weiter auf einem Klippensteig zur exklusiven Badebucht *Paraggi* und schließlich in das berühmte Fischerdorf. Idyllisch schmiegen sich die schmalen, bunten Häuser – heute feine Ferienapartments – in die natürliche, tief eingeschnittene Bucht im Schutz der bewaldeten Ausläufer der Halbinsel von Portofino. Weil der Autoverkehr völlig verboten ist, kann der reizvolle Ort seinen Zauber bewahren. Wer nicht zu Fuß gehen mag, nimmt von Santa Margherita den Bus oder das Fährschiff.

In der Hafenbucht ankern die Motor- und Segelyachten des internationalen Geldadels. Auf die betuchten Yachteigner und Vips warten genauso wie auf die normalen Tagesbesucher schicke Boutiquen, Juwelierläden und Cocktailbars längs der Uferpromenade: Portofino ist mondän – und das heißt extrem kostspielig. Ein beliebter

Eine Traumtour: zu Fuß über Portofino in die Bucht von San Fruttuoso und zurück per Boot

Treffpunkt an der berühmten Hafenbucht zum Glas Wein mit ausgesuchtem Schinken und Käse dazu ist die *Winterose Bar (Calata Marconi 42)*.

Zum Besuch Portofinos gehört ein Spaziergang hinauf auf die Spitze der Halbinsel auf den Bergrücken mit der Kirche San Giorgio und dem gleichnamigen Kastell, auch Castello Brown nach seinem früheren englischen Besitzer genannt. In den abschüssigen Gartenanlagen muss man sich auf mehr gefasst machen als auf ligurische Blütenpracht. Da trifft man schon mal auf Mischwesen, schwebende Nilpferde und Wände aus Plastikflaschen in der internationalen Sammlung an Skulpturen und Installationen; Werke von Joseph Beuys, Lucio Fontana und Daniel Spoerri sind darunter: *Centro Internazionale di Sculture all'Aperto | Juni–Sept. Mi–Mo 10–13 und 15–19 Uhr | Molo Umberto I | museodiportofino.it |* ⏲ *1 Std.)*. Der Weg garantiert herrliche Blicke aufs Meer und auf die Minihafenbucht von Portofino. Wer weitermöchte, läuft die wenigen Minuten bis zum Leuchtturm an der Landspitze Punta di Portofino.

Die mit subtropisch-mediterraner Vegetation bedeckte Halbinsel von Portofino steht zusammen mit ihrem Meeresgrund unter Naturschutz; das verspricht schöne Wandertouren mit spektakulären Ausblicken. Die schönste erfordert stellen Trittsicherheit und gutes Schuhwerk und führt in anderthalb bis zwei Stunden zwischen Macchiablüten über den Kamm nach San Fruttuoso. 🕮 N3

7 SAN FRUTTUOSO ★

8 km südwestlich von Santa Margherita/30 Min. mit der Fähre

Von Rapallo, Santa Margherita, Camogli und Portofino aus kann man

Ein Ruhepunkt in Chiavaris Altstadt: Kathedrale Nostra Signora dell'Orto

diese Abtei per Schiff oder zu Fuß erreichen. Wer gut zu Fuß ist, sollte sich diese Tour keinesfalls entgehen lassen, denn die Pfade durch immergrüne Macchia hoch überm Meer gehören zum Schönsten, was man hier erleben kann.

Das um die erste Jahrtausendwende von Benediktinern gegründete Kloster liegt malerisch in einer Felsbucht an der Spitze der Halbinsel von Portofino. In der Krypta liegen mehrere Mitglieder der in Ligurien allgegenwärtigen Doria-Familie begraben.

Im Sommer ist die kleine Bucht oft übervoll und in den paar (teuren) Trattorien drängelt es sich – komm möglichst nicht am Wochenende her. In der engen, steilen Bucht, am Fuß der mittelalterlichen Gemäuer und vor sich das saubere, grünblaue Meer, fühlt man sich wie an einem unwirklichen Traumort. Tipp: Nicht in der ersten, immer überfüllten Bucht am Kloster bleiben, sondern ein paar Schritte weiter in die zweite, kleinere Bucht ausweichen. Hier isst man idyllisch auf dem Kiesstrand im *La Cantina (Mo geschl. | Tel. 01 85 77 26 26 | lacantinasanfruttuoso.it | €€)*. Sonntags gibt es sogar Frühstück! Für eine sehr spezielle Sehenswürdigkeit brauchst du gute Lungen: Auf dem Meeresgrund der Bucht steht eine Christusstatue. *M3*

INSIDER-TIPP
Bucht-Hopping

CHIAVARI

(N3) **Die Kleinstadt (27 000 Ew.), Zentrum des Tigullio genannten Küstenabschnitts, ist dank einer le-**

bendigen Innenstadt, die noch ihre mittelalterliche Gründung spüren lässt, genau das richtige Ausflugsziel, wenn du mal Lust auf Stadt hast.

SIGHTSEEING

ALTSTADT

Chiavari lohnt zum Bummeln durch seine lebhafte Altstadt unter Arkaden voller Geschäfte und einladender Bars. Hauptachse ist der sogenannte *carrugiu dritu (Via Martiri della Liberazione)*. Die *Piazza Mazzini* ist Mo bis Sa vormittags Bühne eines lebhaften Markts, an der sich anschließenden *Piazza Nostra Signora dell'Orto* versammeln sich Rathaus, Bischofspalast und die Kathedrale Madonna dell'Orto.

PALAZZO ROCCA

Die Adelsresidenz aus dem 17. Jh. ist ausgestattet mit kostbaren Möbeln, schönen Fußböden und Deckenfresken. In den ehemaligen Stallungen zeigt das *Museo Archeologico (Di/Mi und Fr/Sa 9–14, Do und 2. So im Monat 9–17 Uhr | ⏲ 50 Min.)* außergewöhnlich interessante Funde, darunter raffinierter Schmuck und Alltagsgegenstände aus der prähistorischen Zeit Chiavaris und der Umgebung. Und die edel möblierte Beletage des Palazzos beherbergt die sehenswerte *Galleria Civica (Sa/So 16–19 Uhr | ⏲ 30 Min.)* mit Gemälden aus dem 17. Jh. Hinter dem Palazzo tut sich ein malerischer *Parco Botanico (tgl. 10–18 Uhr)* auf, der sich mit Terrassen, Treppen, Brückchen, Loggien und Wasserkaskaden den Hang hinaufzieht. *Via Costaguta 2–4*

STADTFÜHRUNGEN

Einheimische, die für ihre Stadt brennen, teilen in Führungen (außer auf Italienisch auch auf Englisch und, auf Anfrage, Deutsch) ihr Insiderwissen. Es geht zu den interessantesten Orten der Stadt, in den Palazzo Rocca, den Botanischen Garten oder in die Umgebung – kostenlos! Infos unter dem Stichwort „Scopriamo Chiavari" in der *Touristeninformation (Via della Cittadella | Tel. 0185 36 54 00)*.

INSIDER-TIPP
Rundgang für lau

ESSEN & TRINKEN

LUCHIN DAL 1907

Urige, lebhafte und bodenständige Traditionstrattoria unter den Arkaden der Altstadt, berühmt für den Kichererbsenfladen *farinata*. *So geschl. | Via Bighetti 53 | Tel. 01 85 30 10 63 | luchin.it | €*

DA FELICE

Ein gepflegtes, modernes Restaurant in Meernähe mit einfallsreicher Fischküche und Gemüse aus eigenem Anbau. *Tgl. | Corso Valparaiso 136 | Tel. 01 85 30 80 16 | ristorantefelice.it | €€*

CREMERIA SPINOLA

Die Eisdiele an der Küstenstraße verwöhnt mit Fruchteis aus je nach Saison frischen Erdbeeren, Melonen, Pfirsichen, Zitronen von der Amalfiküste und mit Cremesorten aus feiner Schokolade, Nüssen, Pistazien. *Corso Valparaiso 118*

SHOPPEN

Chiavari ist italienweit berühmt für seine Stühle aus Buchenholz mit Sitz-

Schöner sitzen mit Buchenholz und Stroh: Stuhlmacherei Levaggi in Chiavari

flächen aus geflochtenem Stroh. *Levaggi (Via Parma 469 | levaggisedie.it)* stellt diese *chiavarine* heute noch her, auch in neuem Design, aber immer mit den typischen geschwungenen, schmalen Füßen. Gebraucht findet man sie auf dem Antiquitätenmarkt *Mostra Mercato dell'Antiquariato* am zweiten Wochenende im Monat. Die beste Weinhandlung mit dem seltenen Dessertwein *passito di Lerici* ist die *Enoteca Bisson (Corso Gianelli 28r | bissonvini.it).*

INSIDER-TIPP
Filigrane Füßchen

STRÄNDE

Sand! An der Levante! Zumindest streckenweise. Kinder, Alte, Partyvolk, Taucher, Surfer, Segler … alle fühlen sich hier wohl, am nordwestlichen Ende Richtung Sant'Andrea auch FKKler. Die Jugend und die Partys toben besonders am anderen Ende Richtung Lavagna.

RUND UM CHIAVARI

8 BASILICA SAN SALVATORE DEI FIESCHI ★

4 km nördlich von Chiavari/10 Min. über die SP 33

Die alte, verwunschene Basilika ist mit ihrem helldunklen Streifenmuster aus Kalk- und Schiefergestein eines der schönsten Beispiele für den typisch ligurischen, romanisch-gotischen Baustil. Das gilt auch für den nahen gotischen *Palazzo dei Fieschi*. Im stimmungsvollen Inneren beeindrucken die Säulen, vor allem ihre fein ziselierten Kapitelle. Die Fieschi hatten in Ligurien seit dem Mittelalter das Sagen. Bei ziemlich vielen Palazzi und Villen ist ihr Name im Spiel. Die Basilika ließ Papst Innozenz IV., auch er ein Fieschi, im 13. Jh. errichten. Die Familie befehdete sich heftig mit ihren Rivalen, den Doria. In einer von ihr ausgeheckten Intrige ist sie selbst untergegangen, nachzulesen bei Schiller in der „Verschwörung des Fiesko zu Genua".
N-O3

9 LA BRINCA IN NE

11 km nordöstlich von Chiavari/ 20 Min. über die SP 33 und SP 26

In den bewaldeten Anhöhen findet sich in Ne diese von Slow Food wegen ihrer herausragenden Interpretation ligurischer Speisetradition besonders empfohlene Trattoria mit phantastischem Panorama-Speisesaal. *Mo und außer Sa/So mittags geschl. | Via Campo di Ne 58 | Tel. 01 85 33 74 80 | €€ | O3*

10 MINIERA DI GAMBATESA

22 km nordöstlich von Chiavari/ 40 Min. über die SP 33 und SP 26

Weit oben im Gravegliatal öffnet diese alte Manganmine ihren Schlund. Auf Lorenzügen geht es hinein in den Berg durch das weitläufige Stollennetz dieser im 20. Jh. größten Manganmine Italiens. *Anmeldung erforderlich unter Tel. 01 85 32 51 98 oder info@minieradigambatesa.com | bei Redaktionsschluss geschl., Wiedereröffnung ca. Frühjahr 2024 | minieradi gambatesa.com | 2 Std. | O3*

11 LAVAGNA

2 km südöstlich von Chiavari/3 Min. mit der Bahn

Der Ortsname (*lavagna* = Schiefertafel) verweist auf die traditionelle Lebensgrundlage, die das bergige Hinterland hier seit Jahrhunderten liefert: den Abbau von schwarzem Schiefergestein, der in Ligurien vielfach bei der Fassadenverzierung, als Treppengestein und als Dachbedeckung zu finden ist. Lavagna schließt sich jenseits der Entellamündung an Chiavari an und bietet neben einem hübschen Zentrum einen großen Sporthafen. Ein Tipp ist der Besuch der *Casa Carbone (März–Juni und Sept./Okt. Sa 14–18, So 10–13, Juli/Aug. Di, Do, Fr 18–21, So 10–13 Uhr | Via Riboli 4 | 45 Min.).* In der Altstadtresidenz aus dem 19. Jh. scheint die Zeit stehen geblieben – ein einprägsames Beispiel für den typisch ligurischen Stil des 19. Jhs. von der bemalten Fassade bis zur Wanddeko innen. Mit dem Küstenort *Cavi* verbindet Lavagna ein Strand aus Kies und alljährlichen Sandaufschüttungen, der längste an der Levante und voller junger Leute. *N3*

INSIDER-TIPP Zeitreise

12 VAL FONTANABUONA

20 km bis Cicagna nordwestlich von Chiavari/30 Min. über die SP 225

Das Fontanabuonatal oberhalb von Chiavari ist berühmt wegen seines Schiefers, aus dem die weltweit begehrtesten Platten für Billardtische entstehen. Im Hauptort *Cicagna* bieten Geschäfte Mitbringsel wie Schalen, Aschenbecher usw. aus diesem edlen, anthrazitgrauen Gestein an. Ein Showroom mit Verkauf ist *Le Pietre (Via Chiapparino 9 | ardesiafontanabuona.com)* in *Monleone di Cicagna*. *N2–3*

13 MADONNA DELLE GRAZIE

3 km nordwestlich von Chiavari/ 5 Min. über die SS 1

Gleich hinter dem ersten Straßentunnel Richtung Genua liegt diese Wallfahrtskirche auf einem Hügel, der den Aufstieg schon wegen des schönen Blicks lohnt. Sehenswert im Innern der Kirche sind gut erhaltene Fresken von Teramo Piaggio (16. Jh.) zur Vita des Christus. *30 Min. | N3*

14 ZOAGLI

7 km nordwestlich von Chiavari/ 5 Min. mit der Bahn

Der Ort mit seinem Strand unter den hohen Pfeilern der Bahnlinie ist bekannt für seinen Samt und seinen Seidendamast. Es gibt noch ein paar *Samtwerkstätten,* die diese Tradition aufrechterhalten und auf Webstühlen prachtvolle Stoffe herstellen. In der *Tessitura Artigianale Giuseppe Gaggioli (Via dei Velluti 1, Abzweigung auf Höhe der Via Aurelia 208 | tessituragaggioli.it)* kannst du zuschauen, wie schwerer, glänzender Samt und reich gemusterte Seide gewebt werden – die pure Pracht. Auch ein Laden gehört dazu. Samt und Seide, einprägsam gemustert, findest du auch bei *Velluti e Seterie Cordani (So und Di geschl. | Via San Pietro 21, Via Aurelia Richtung Chiavari | tessiturecordani.it).* N3

INSIDER-TIPP
Am seidenen Faden

SESTRI LEVANTE

(03–4) **Lebhaft und nicht billig ist das Ferienstädtchen (17 500 Ew.) in ligurisch bunten Farben. Es liegt malerisch am östlichen Ende des Golfo del Tigullio, mit kleinem, vorgelagertem Inselchen.**

Seit dem Mittelalter ist dieses jedoch durch Sandablagerungen mit dem Festland verbunden. Mit zwei wunderbaren Nebenwirkungen: Die eine liegt auf der Seite des Tigullio und heißt „Märchenbucht", *Baia delle Favole:* mit märchenhaftem Ausblick auf die geschwungene Küste und des Golfs. Die andere ist die zauberhafte *Baia del Silenzio,* die sich, wie der Name suggeriert, stiller, abgeschiedener präsentiert, zumindest wenn die Badegäste abends weg sind.

Der alte Ortskern von Sestri zieht sich landeinwärts, man flaniert über den lebhaften *budello,* die Altstadtgasse *Via XXV Aprile* voller Renaissancehäusern mit in Schieferstein gefassten Portalen, Geschäften und Cafés, in denen bis spätabends viel los ist.

SIGHTSEEING

PALAZZO FASCIE

Der Palazzo mit dem markanten Turm ist kultureller Treffpunkt für Musik, Literatur und Kunstworkshops für Kinder. Er beherbergt ein Archäologisches Museum und das Museum der Stadt Sestri. *Tgl. 10–13 und 14–17 Uhr | Corso Colombo 50 | musel.it | 1 Std.*

MUSEO GALLERIA RIZZI

Wie ein Fels ragt der quadratische, vornehme Bau aus dem 19. Jh. in die Baia del Silenzio und zeigt die erstaunlich wertvolle Bildersammlung der Familie Rizzi mit Rubens, van Dyck, Raffael. *April–Sept. Mi 16–19, So 10–13, Okt.–Juni So 10–13, Mitte Juni–Mitte Sept. außerdem Fr 21.30–23.30 Uhr | Via Cappuccini 8 | galleriarizzi.com | 50 Min.*

SAN NICOLÒ

Verschlossen, aber malerisch ruht auf halbem Weg die Anhöhe der Insel hi-

Zwei wunderschöne Buchten – hier der Strand der Baia del Silenzio – sind Sestris Trümpfe

nauf diese romanische Kirche. Bis zum 17. Jh. Bischofssitz, wurde sie Anfang des 20. Jhs. wieder in ihre ursprüngliche Gestalt von 1151 gebracht. Weiter auf die bewaldete Inselkuppe haben nur Gäste des Grand Hotel dei Castelli Zutritt.

ESSEN & TRINKEN

PONTE ZEUS SKY BAR

Auf dem Olymp kann der Sonnenuntergang nicht schöner sein als auf der Terrasse dieser Panoramabar. Nobles Ambiente und ein hochklassiges Menü tun ihr Übrigens. *In der Saison tgl. | Via della Chiusa 28 | Tel. 0 18 54 26 61 | hotelvisavis.com | €€€*

CANTINA DEL POLPO

Die Einrichtung: antik und obendrein denkbar eigenwillig. Das Team: jung. Die Küche: ligurische Spezialitäten mit einem gewissen jungen Pep. Die Auswahl an Wein: riesig. *Mi geschl. | Piazza Cavour 2 | Tel. 01 85 48 52 96 | cantinadelpolpo.it | €*

CUTTER CUCCA

Direkt am Strand der Baia del Silenzio gelegen, ist das kleine Restaurant ein wunderbarer Ort für einen Aperitif oder ein Dinner mit frischem Fisch. Und zum Frühstück ist der ganze Raum in goldenes Licht getaucht! *Außer Sa/So mittags geschl. | Via Penisola Levante 25 | Tel. 0 18 51 87 12 31 | €*

BISTRO MARE

Speisen und dabei die Füße in den Sand strecken: Bei schönem Wetter stellt das von Fischern betriebene Lokal seine Tische auf den Strand der Bia del Silenzio. *Mai–Sept. tgl. | Spiaggia di Portobello | Tel. 34 74 31 43 00 | bistromare.it | €*

SHOPPING

Rund um den langen *budello (Via XXV Aprile)* drängen sich Geschäfte, die Design, Mode, Kunst, Krimskrams und Erzeugnisse der Region anbieten. Die Chocolaterie und Konditorei *Rossignotti (Via Olive di Stanghe 7)* ist ein Paradies für Zuckermäuler. Im Angebot sind auch echte Blumen: mit Zucker kristallisierte Rosen- und Veilchenblüten sowie Minzblätter.

INSIDER-TIPP
Knusprige Blüten

STRÄNDE

BAIA DELLE FAVOLE

Der für ligurische Verhältnisse breite, kiesige Sandstrand zieht sich Richtung Nordwesten am Städtchen entlang, mit viel Abwechslung durch Strandbäder, Sportangebote, Bars und Eiscafés.

BAIA DEL SILENZIO ★

Zur Kulisse gehören die stattlichen Häuser mit den typisch ligurischen farbigen Fassaden, die bis an den Sandstrand herangebaut sind. Der Blick nach vorn fällt auf die ansteigende Landzunge Punta Manara, über die ein schöner Küstenwanderweg durch Macchiawälder bis nach Moneglia führt. Tagsüber sorgen im Sommer Badegäste, wegen des flachen Wassers vor allem Kinder, für Gewusel statt Stille.

AUSGEHEN & FEIERN

Die trendige *Portobello Beach Bar* an der Baia del Silenzio ist für (mindestens) einen Aperitif gut. Im Sommer ist natürlich auch der *lungomare* mit seinen Bars und Badeanstalten eine gute Anlaufstelle.

Yachthäfen, kleine Buchten und immer wieder Traumblicke: Golf von La Spezia

RUND UM SESTRI

15 MONEGLIA

10 km südöstlich von Sestri/9 Min. mit der Bahn

Der kleine Ort schmiegt sich schön in eine kiesige Strandbucht vor die bergige Küstenlandschaft. Das verwinkelte Zentrum, zum Meer hin von einer stattlichen Palmenallee flankiert, lädt zum Bummeln ein. Hier wurde der berühmte ligurische Maler des 16. Jhs., Luca Cambiaso, geboren; in den Kirchen San Giorgio und Santa Croce hängen Werke von ihm. Hausgemachte *pansoti* mit Nusssauce und Kaninchen serviert das *L'Uliveto (im Winter Mo geschl. | Via Camposoprano 19 | Tel. 0 18 54 99 06 | ristoranteuliveto.com | €€)* 2 km oberhalb auf einer Terrasse mit herrlichem Weitblick. *🕮 O4*

16 PARCO AVVENTURA VAL DI VARA

25 km nordöstlich von Sestri/40 Min. über die SP 523 und SP 54

Der Hochseil- und Abenteuergarten ist mit seinen Kletterparcours, Seilbrücken und MTB-Strecken ein Vergnügen für die ganze Familie. *Stark gestaffelte Zeiten s. Website | Tavarone | Via Giandriali 5 | parcoavventuravaldivara.it | 🕮 P3*

LA SPEZIA

(🕮 Q5) **La Spezia liegt von Anhöhen umgeben im Schutz des gleichnamigen, tief ins Land geschnittenen Golfs.**

Diese ideale Voraussetzung für einen sicheren Hafen veranlasste zunächst Napoleon ab 1808 und anschließend den italienischen Staat, La Spezia zu einem bedeutenden Militärhafen auszubauen. Das wurde der Stadt in den beiden Weltkriegen zum Verhängnis: Als Marinestützpunkt wurde sie schwer angegriffen.

Der moderne Wiederaufbau und ihre industrielle Entwicklung haben sie wahrlich nicht verschönert, doch wer Lust auf Kultur und Stadtflair hat, ist hier genau richtig: Neben dem Besuch der sehenswerten Archäologie- und Kunstmuseen lohnt ein Bummel durchs lebhafte Innenstadtviertel *Prione,* wo es zur Aperitifstunde brummt.

Im Golf wechseln sich Industrieanlagen, Werften und Marinedepots ab mit edlen Yachthäfen und kleinen Buchten, in die sich einstige Fischersiedlungen schmiegen. Dank guter Bahnverbindungen eignet sich die

WOHIN ZUERST?

Vom Bahnhof bzw. von der dortigen Parkgarage Park Centro Stazione geht es zu Fuß ins Zentrum. Im Westen parkt man an der Piazza d'Armi/Viale Amendola; von hier fährt ein Bus alle zehn Minuten zur **Piazza Chiodi,** wo sich die parkartige Uferpromenade mit dem Zugang in die Altstadt trifft. Hier befinden sich auch die Touristeninformation und der Anleger für die Fähren.

Marinestützpunkt, Werften, Sport- und Yachthafen: Das Meer gibt den Takt vor in La Spezia

92 000-Ew.-Stadt als Basis für Ausflüge: Weiter zum Meer hin liegen die schönen Orte Portovenere mit der vorgelagerten Insel Palmaria im Westen und Lerici im Südosten. Den absoluten Traumblick auf den Golf hat man auf der Anfahrt zu den Cinque Terre.

SIGHTSEEING

Mit dem *biglietto cumulativo* kommst du in die fünf sehenswerten Museen von La Spezia. Du bekommst sie in allen teilnehmenden Museen.

MUSEO DEL SIGILLO

Im Siegelmuseum bekommt man Lust, mal wieder Briefe zu verschicken – weil man nämlich auch mit Wachs klecksen und so ein tolles Ding haben möchte, das man dann – kawumm! – ins weiche Wachs schmatzt. Kinder sind klar im Vorteil: Für die gibts Kreativworkshops. Die Erwachsenen dürfen sich über die aufwendig gestalteten Figuren, Tiere und Symbole freuen, die hier in Hülle und Fülle zu sehen sind. *Di–So 10–18 Uhr | Via del Prione 236 | sigillo.museilaspezia.it | ⏲ 50 Min.*

MUSEO AMEDEO LIA

Ein Museum für Kunstbegeisterte und solche, die es werden wollen – oder zumindest einem Überblick zugeneigt sind. Es zeigt Gemälde und Statuen von der Antike über die christlichen Darstellungen im Mittelalter bis zur Renaissance und weiter durch sämtliche Epochen. Etwas für Regentage und, weil auch in deutscher Sprache, ideal für Einblick und Durchblick. Für die Wunderer ist auch was dabei: grotesk geformte und überirdisch gestaltete Vasen, Gefäße und Kelche. *Di–So 10–18 Uhr | Via Prione 234 | museolia.spezianet.it | ⏲ 1½ Std.*

MUSEO ARCHEOLOGICO CASTELLO SAN GIORGIO

Ja, der Blick über den Golf ist mal wieder grandios. Das hat bestimmt geholfen, als die Festung im Mittelalter die Seerepublik Genua gegen den Rivalen Pisa absichern sollte. Aber eigentlich interessant ist, was das Archäologische Museum zeigt: die geheimnisvollen ★ *Stelen aus der Lunigiana* – Steinfiguren, Männer- und Frauengestalten, aus vermutlich vorrömischer Zeit. Man fand sie im Grenzgebiet zur Toskana, der Lunigiana, einfach so auf Feldern und im Wald. Nicht nur ihre Gestaltung ist spannend. Steckt da ein Kult dahinter? Und wenn ja, welcher? Das Kastell ist über eine Treppe von der Via XX Settembre zu erreichen sowie über einen kostenlosen Aufzug gegenüber dem My One Hotel. *Frühjahr u. Herbst tgl. 10–12.30 und 14–17, Sommer 10.30–17, Winter Di 9.30–17, Mi–So 9.30–12.30 und 14–17 Uhr | Via 27 Marzo | museodelcastello.museilaspezia.it | ⏲ 1¼ Std.*

CAMEC

Hier beschäftigen sich Künstler schon mal mit Versen auf Vasen oder verwirren die Besucher mit optischen Raffinessen in ihren Fotografien. Oder man muss sich erst mal durch den Formendschungel gucken, um zu verstehen, was das Ganze soll. Oder man schaut sich einen übergroß dargestellten Hinterkopf an. Kurzum: In La Spezias Museum für zeitgenössische Kunst werden die Synapsen kräftig durchgeschüttelt! *Di–So 11–18 Uhr | Piazza Cesare Battisti | camec.spezianet.it | ⏲ 40 Min.*

MUSEO TECNICO NAVALE

Richtung Portovenere am Golf erstreckt sich das Marinegelände, das im 19. Jh. zum größten, heute stark reduzierten Arsenal ganz Italiens ausgebaut wurde. Das Museum auf dem Areal zeigt die Geschichte der militärischen Schifffahrt. *Tgl. 8.30–19.30 Uhr | Viale Amendola 1/Piazza Chiodo | ⏲ 1½ Std.*

ESSEN & TRINKEN

OSTERIA ALL'INFERNO

Handfeste Trattoria in den Kellern eines Altstadthauses; probier hier die gefüllten Sardellen! *So geschl. | Via Lorenzo Costa 3 | Tel. 0 18 72 94 58 | €*

LA PIA CENTENARIA

Alteingesessenes, immer volles Imbisslokal mit Pizzen und deren ligurischen Varianten *farinata* und wurst- oder käsegefüllten Focacce, auch auf die Hand. *So geschl. | Via Magenta 12 | Tel. 01 87 73 99 99 | lapia.it | €*

DAI PESCATORI

Wir fangen den Fisch und bereiten ihn euch zu – das Motto der hiesigen Fischer hat großen Erfolg, wie die Warteschlange bezeugt. Am Lungomare beim Pier der Ausflugsschiffe auf Höhe das Ponte di Revel. *Tgl. | Banchina Thaon di Revel | Tel. 34 02 50 89 24 | €*

SHOPPEN

In der verkehrsberuhigten Altstadt und an den von Orangenbäumen gesäumten Boulevards um Piazza Verdi und Piazza Europa reihen sich die Geschäfte aneinander. Markttreiben herrscht vormittags an der Piazza Cavour bzw. Piazza del Mercato. Ein großes, modernes Einkaufscenter ist das *La Fabbrica* am Autobahnkreuz A 12/A 15 etwas außerhalb in Santo Stefano di Magra.

SPORT & SPASS

In *Cadimare* zwischen La Spezia und Portovenere finden Tauchinteressierte das *Diving Center Oasi Blu (Via della Marina 32 | diving5terre.com)*. Segel-, Surf- und Kajakkurse sowie Einführungen ins SUP bietet die Wassersportschule *Santa Teresa (scuoladimaresan tateresa.it)* in der Baia Blu an.

STRÄNDE

Mit Hausstränden kann La Spezia nicht aufwarten. Die Einheimischen orientieren sich Richtung Portovenere oder zum Golfo dei Poeti bei Lerici.

AUSGEHEN & FEIERN

Abendlicher Treffpunkt ist die kleine, verkehrsberuhigte Altstadt Prione mit ihren Aperitifbars, z. B. an der Piazza del Bastione. Für Stimmung sorgt Livemusik in der Art-Bar *Pin (nur Fr/Sa | Via Diaz 2 | pinlaspezia.it)*, der *Skaletta Rock Club (Via Crisbi 168 | skalettarockclub.it)* garantiert durchtanzte Nächte bei Rock, Hip-Hop, Jazz oder Elektro.

RUND UM LA SPEZIA

17 PORTOVENERE ★

15 km südlich von La Spezia/40 Min. mit dem Bus ab Piazza Domenico Chiodo

An der äußersten Spitze des Golfs von La Spezia liegt dieser zauberhafte Ort, mit seinen farbigen Fassaden, Gässchen, Treppendurchgängen und Kastell vor bewegter Felslandschaft ein Traumflecken für Romantiker und viele Ausflügler. Vom Vorplatz der gotischen Kirche *San Pietro* im typisch ligurischen Streifenstil, auf exponiertem, von der Brandung umschäumtem Fels gelegen, hast du einen phantastischen Blick auf die Cinque Terre und die vorgelagerten Inseln Palmaria und die kleinen Naturparadiese Tino und Tinetto. Im sandig-seemännischen *Il Timone (Di und außer Sa/So mittags geschl. | Via Olivo 29 | Tel. 01 87 91 45 95 | pizzeriailtimone.it | €-€€)* findet jeder was zwischen guten Focacce, Pizzen, Fisch, Muschelsuppe, Gemüse.

Vom kleinen Hafen kann man auf die Insel *Palmaria* übersetzen. Den Inbegriff der Romantik bildet – neben dem Baden in glasklarem Wasser an größtenteils scheinbar verlassenen, wilden (Stein-)Stränden mit einem Meer, aus dem die Venus entsteigen könnte – ein Essen im Restaurant *Il Pozzale (außer Sa abends geschl. | Tel. 01 87 79 11 03 | pozzale.com | €€)*.

Eine tolle Wanderung, Teil des Höhenwegs Alta Via del Golfo, startet von Portovenere hinauf zu den Felswänden *Muzzerone* überm Meer, ein beliebtes Klettergebiet *(short.travel/lig1)*, und weiter Richtung Cinque Terre, vorbei am herrlich gelegenen Weiler *Campiglia*. Hier gibt es an der Kirche das idyllische *Piccolo Blu (tgl. | Tel. 01 87 75 85 17 | Facebook | €)*. Bring Zeit mit, denn mit phantastischer Aussicht und leckeren Focacce und Gemüsetorten

INSIDER-TIPP Urlaub vom Urlaub

Vom Vorplatz der Kirche San Pietro in Portovenere geht der Blick bis in die Cinque Terre

aus Bioprodukten ist dieser weitläufige Garten nachhaltige Entschleunigung. Lohnend ist auch der Besuch der eindrucksvollen Ausgrabungen der römischen *Villa Romana Varignano Vecchio (Di–Sa 8.30–18.30, So 8.30–13.30 Uhr | musei.liguria.beniculturali.it | 50 Min.)* in einem Olivenhain im beschaulichen Vorort *Le Grazie.* *Q5*

18 GOLFO DEI POETI

12 km bis Lerici südöstlich von La Spezia/25 Min. über die SP 331

Wegen ihrer landschaftlichen Schönheit wurde diese Bucht im 19. Jh. zu einem Mekka der Dichter und Künstler. Im einstigen Fischerdorf *San Terenzo* lebte 1822 der englische Dichter Lord Byron mit seinem Kollegen Percy Shelley, der dort im Meer ertrank. Der Dichterkollege John Keats kam auch dazu, später dann D. H. Lawrence und in jüngeren Tagen Eugenio Montale und Pier Paolo Pasolini. Sie alle dichteten vom Zauber dieser Küste inspirierte Verse. Ein wenig Kondition erfordert der Traumstrand der *Baia Blu,* denn vom Parkplatz geht es gut zehn Minuten zu Fuß die Steilküste hinunter (und nach dem Baden wieder hinauf). Dafür winkt ein exklusiver Strand mit Strandbad, klarem Wasser, kiesigem Sand und landeinwie meerwärts wunderbarem Panorama.

Mit dem benachbarten Lerici verbindet den Ort ein Shuttleservice *(navetta)* sowie eine schöne, 4 km lange Uferpromenade, die sämtlichen Literaten gewidmet ist, die hier lebten und arbeiteten. Aussichtspunkte und Lokale verleiten immer wieder zu Stopps und Pausen. Hübsch am Meer sitzt man z. B. im kleinen, modernen *Stralunà (Mo geschl. | Via Mantegazza 6 | Tel. 01 87 97 27 33 | €€)* bei frischem Fisch und vielen lokalen Speisen. Hier steht auch die weiße *Villa*

Magni, in der Shelley seine Sommer verbrachte. In ihrem Park finden an Sommerabenden Konzerte und Filmvorführungen statt.

Das lebendige Ferienstädtchen *Lerici* (9500 Ew.) – teuer, hübsch, gepflegt und sehr beliebt – ist der Hauptort im Golf. Der kiesige Strand Richtung San Terenzo ist mal mehr, mal weniger breit mit Strandbädern und freien Abschnitten. Zu den Sehenswürdigkeiten zählt die mittelalterliche *Burg* auf dem Vorsprung der Bucht. Als Wehranlage ab 1241 gebaut, diente sie später den Genuesern als Hochsicherheitsgefängnis. Auf den Klippen unterm Burgfelsen sitzt es sich herrlich zum Sonnenuntergang. Dass man im feinen Lerici auch preiswert satt werden kann, zeigt *Siamo Fritti (tgl. | Largo Marconi 11 | €),* ein Streetfood-Imbiss mit Gemüsetorten sowie frisch frittierten Sardellen. *R5*

19 TELLARO & FIASCHERINO

14 km südöstlich von La Spezia/ 30 Min. über Lerici

Die beiden einst eigenständigen Fischerdörfer sind optisch zusammengewachsen, kultivierte Idyllen, die die Ostküste des Golfs von La Spezia malerisch beenden, bevor sie zur rauen, unbewohnbaren Steilküste wird. Herrlich liegen die beiden Dörfer zwischen schwarzen Klippen und kleinen Strandbuchten. Ein Fleck zum Seele-baumeln-Lassen und genießen ist in Tellaro die gemütlich-elegante, für ihre renommierte Küche bekannte *Locanda Miranda (tgl. | Via Fiascherino 92 | Tel. 01 87 96 81 30 | locandamiranda.com | €€€).* *R5*

20 NATURPARK MONTEMARCELLO-MAGRA & AMEGLIA

17 km bis Ameglia südöstlich von La Spezia/35 Min. über die SP 331 und SP 432

Im Rücken von Tellaro geht es hinauf in die macchiaüberwucherten Kalkberge des Naturparks *(parcomagra.it),* der sich zwischen dem Golf von La Spezia und der Flussmündung des Magra ins Meer vorschiebt. Viele markierte Wanderwege führen in diese wild bewegte Berglandschaft voller Wälder – weg von den heißen, im Hochsommer überfüllten Stränden. Erfrischend! Auch MTB-Touren kannst du hier unternehmen. Jenseits des Naturparks liegt *Ameglia* mit einem Yachthafen an der Flussmündung und einem langen

Sandstrand im Ortsteil *Fiumaretta* am anderen Ufer des Magra. R5

21 LUNI

28 km südöstlich von La Spezia/ 30 Min. über die A 15 und A 12

Eine in der versandeten Mündung des Magra versunkene, einstmals große Stadt und für die Römer ein bedeutender Hafen ihres Imperiums. Im 11./12. Jh. mussten ihre Bewohner sie wegen Malaria und Versumpfung aufgeben. Heute hat sich die Küstenlinie vorgeschoben, sodass die Ruinenreste, Ausgrabungen und Funde, die das *Museo Archeologico Nazionale (Di–Sa 8.30–19.30, So 8.30–14 Uhr | Via Luni 37 | luni.cultura.gov.it | 50 Min.)* zeigt, landeinwärts liegen. R-S5

22 SARZANA

18 km östlich von La Spezia/13 Min. mit der Bahn

Als die Bewohner von Luni ihre Stadt aufgeben mussten, landeten einige in Sarzana und machten aus dem Ort (21 500 Ew.) einen bedeutenden Bischofssitz. Im hübschen Altstadtkern zeugt die *Cattedrale dell'Assunta* davon, ein Ort für genussvolle Betrachter und Entdecker: Zwischen langen Säulen verteilen sich Schnitzkunst an der Decke, eine massive Orgel und ein mintgrünes, zart verziertes Seitenschiff. Viele Geschäfte und Boutiquen sowie gute Restaurants, etwa die *Osteria del Monsignore (Sa-Mittag und Mi geschl. | Via Bonaparte 16 | Tel. 0 187 62 41 95 | €)* im Zentrum, lohnen den Besuch. R5

Auch Lericis Piazza Garibaldi bezaubert mit den typisch ligurischen bunten Hausfassaden

CINQUE TERRE

FÜNF ROMANTISCHE KLIPPENDÖRFER AM MEER

Von Levanto bis Portovenere erstreckt sich dieser Küstenabschnitt, der alles vereint, was für Reisende den italienischem Traum ausmacht: eindrucksvoll in Terrassen gestaltete Weinberge und Olivenhaine, atemraubende Steilküste, an die sich verträumte Fischerdörfer pressen, ein Häusergewürfel in allen Gelb-, Beige- und Rotschattierungen mit einer zentralen Dorfstraße, die zum Meer hinunterführt: Wellen und Fisch, Kirchen und Bäume – bummeln, träumen, staunen.

Bei Manarola wunderbar zu erkennen: die den Felshängen abgerungene Terrassenlandschaft

Das hat Folgen: Alle Welt will hierher, in diese „Fünf Länder" genannten, autofreien Dörfer mit ihren insgesamt rund 4000 Bewohnern. Neben viel US-Amerikanisch hört man jede Menge andere Sprachen.
Der Massenansturm erreicht seine Spitzen um Ostern, an den Wochenenden und in den Sommerferien. Gelegentlich sperrt die Polizei sicherheitshalber den Zugang und schleust die Touristen in Gruppen durch die fünf berühmtesten Dörfer Italiens.

CINQUE TERRE

MARCO POLO HIGHLIGHTS

★ **VERNAZZA**
Von den fünf Dörfern ist das farbenfrohe, verschachtelte Vernazza das fotogenste ➤ S. 114

★ **KÜSTENWANDERUNG**
Der schöne Sentiero Azzurro verbindet die Dörfer vor tollem Panorama ➤ S. 117

★ **BOOTSFAHRTEN**
Wunderbare Gelegenheit, das terrassierte Küstenrelief in seiner Gesamtheit vom Meer aus zu bewundern ➤ S. 117

★ **SANDSTRAND VON MONTEROSSO**
Eine Seltenheit an der Levante: ein echter, richtiger Sandstrand! ➤ S. 118

Cravadoa 556
555
Camedone
Via Tramonti
Via Fratelli Rosselli
Bovecchio
Bonassola, 25 Min.
Casella
Serenella 5/C
14 Min.
M. Carmo-Cava Quaratica
560
505
Strada Provinciale dei Santuari
4 km, 2 Std
Crostatina
Quaratica-Sella Termo
Guvano
Località Prevo
Alta Via 5 Terre
560
Bucht von Corniglia
4 Corniglia
Manarola-Tigliola
Pagana
20 Min.
5 Manarola
Via Litoranea
Riomaggiore 6
750 m
820 yd

Unglaublich, dass schon seit Römerzeiten ausgerechnet an den nahezu senkrechten Hängen Menschen siedeln. Aber immerhin bieten diese Buchten auch Schutz. Im Lauf der Jahrhunderte entstand unter schwierigsten Bedingungen die einzigartige Terrassenlandschaft, mit der den Bergen Anbaufläche für Wein, Oliven und Gemüse abgerungen wurde.

Die Stütze dieser Terrassen sind *muretti a secco,* ohne Mörtel geschichtete Steinmäuerchen. Einst maßen sie insgesamt 8000 km, an einer Küste, die nur 10 km lang ist. Zu Hochzeiten des Terrassenanbaus standen so 1400 ha für die Landwirtschaft zur Verfügung. Heute sind nur noch rund 100 übrig.

Um sie und den Meeresgrund vor der Küste zu schützen, wurde 1999 ein Nationalpark eingerichtet, der in Pilotprojekten den Einklang zwischen Landschaftsschutz, aktiver Landwirtschaft und sanftem Tourismus fördert. Kurse zur Technik des Trockenmauerbaus werden angeboten, Bioanbau wurde eingeführt, hiesige Rebsorten wie Albarola und Bosco werden gefördert; zusammen mit der Vermentinorebe ergeben sie den fein duftenden DOC-Weißwein Cinque Terre und den berühmten, sonnensatten Likörwein Sciacchetrà.

Eine erstklassige Produktpalette – Öl, Wein, Liköre, Oliven, Honig, Kräuter, Früchte und Gemüse – füllt die Regale der Feinkostläden. Aus dem Meer kommen die begehrten Sardellen von Monterosso, die, in Zitrone, Salz und Öl eingelegt, ein klassisches Antipasto ergeben.

Zu Fuß und per Bahn und Bus kommst du hier eindeutig am besten und am günstigsten vorwärts. Ein Netz aus al-

UNERLÄSSLICH: DIE CINQUE-TERRE-CARD

Im Cinque-Terre-Gebiet kann man bestens aufs Auto verzichten, denn es gibt eine preiswerte Zugverbindung zwischen den Dörfern und darüber hinaus, nach Levanto und La Spezia. So kann man mit dem Zug in wenigen Minuten z. B. von Manarola zum Essen nach Vernazza fahren oder an den Strand nach Monterosso oder Levanto, ins Museum nach La Spezia – und das ab dem Morgengrauen bis nach Mitternacht. Wer dieses Angebot häufiger nutzen will, für den lohnt sich die *Cinque-Terre-Card Treno,* die du an jedem der Bahnhöfe für 18,20 Euro pro Tag (zwei Tage 33 Euro, drei Tage 47 Euro) bekommst. Mit ihr hast du zudem Zutritt zu den mautpflichtigen Wanderwegen wie dem *sentiero azzurro,* kannst die Shuttlebusse von den Bahnhöfen in die Ortskerne und die Ökobusse des Parks zwischen den Dörfern benutzen und erhätst Rabatt in einigen Museen in La Spezia. Für die Shuttles und Busse ist auch die einfache Tageskarte *(7,50 Euro)* gültig, die zur Benutzung des *sentiero azzurro* berechtigt. Du bekommst die Karte online *(card.parconazionale5terre.it)* sowie in den Infobüros an den Bahnhöfen. *cinqueterre.eu.com* ten Maultierwegen, Steintreppen und Küstenwegen verbindet die Dörfer miteinander und mit dem Zug bewegst du dich in nur wenigen Minuten von Dorf zu Dorf. Per Auto erreicht man über gewundene, schlecht erhaltene Stichstraßen teure Parkplätze (18–35 Euro am Tag), die in der Hochsaison schnell belegt sind.

ZIELE IN DEN CINQUE TERRE

1 MADONNA DI SOVIORE & WALLFAHRTSKIRCHEN

Auf den bewaldeten Anhöhen oberhalb der fünf Dörfer liegen verstreut fünf Wallfahrtskirchen, die eindrucksvollste ist dieses romanisch-gotische Madonnenheiligtum, das man von Monterosso auf einer schönen, teils steilen Wanderung (ca. 3 km) erreicht. Man kann hier auch essen und in 50 einfachen Zimmern *(santuarionostrasignorasoviore.it)* übernachten. Zu Mariä Himmelfahrt findet hier ein großes Fest statt, mit Prozession, Feuerwerk und Schlemmerständen. Die Wallfahrtskirche gehört mit den Pfarrkirchen der fünf Dörfer zu den Orten, an denen im September die Konzerte des *Festival Internazionale di Musica Cinque Terre* aufgeführt werden.

Die exponierten Wallfahrtskirchen oberhalb der Küstendörfer kann man auf einer schönen Route abwandern oder, noch besser, als MTB-Tour verknüpfen. *h1*

Da wird der Winzer schon mal zum Bergsteiger: Weinterrassen über Manarola

2 MONTEROSSO AL MARE

Das größte der Cinque-Terre-Dörfer (1400 Ew.) hat fast urbanen Charakter und besitzt die meisten Hotels und Restaurants. Der Ort besteht aus zwei Teilen, dem älteren Fischerort Monterosso und dem jüngeren Stadtteil Fegina; vor ihnen erstreckt sich der einzige richtige Sandstrand der Cinque-Terre-Küste. Gewagte Kombi in der romanisch-gotischen Pfarrkirche *San Giovanni Battista:* Schachbrettmuster auf dem Boden, die Säulen und Wände typisch ligurisch gestreift. Spirituelles Patchwork. *g-h2*

3 VERNAZZA ★

Vernazza gilt als das schönste der fünf Dörfer und ist entsprechend beliebt und überlaufen. Die schmalen, hohen Häuser in allen möglichen Rot- und Rosaschattierungen, dazwischen hellgraue und gelbe Fassaden, gruppieren sich malerisch um die neu gestaltete Platzanlage der kleinen Hafenbucht und ziehen sich verschachtelt eine felsige Halbinsel hinauf. An der Piazza steht die Pfarrkirche *Santa Margherita* aus dem 11. Jh. Mit ihren Säulen aus grob gehauenem Stein und dem Dachstuhl aus Holz passt sie wunderbar zur felsig-verwitterten Seefahrerumgebung. *j3*

4 CORNIGLIA

Das kleinste der fünf Dörfer liegt hoch oben auf einem Felsen überm Meer. Da es am mühsamsten zu erreichen ist, über die gewundene Bergstraße (wenige Parkplätze) oder mit der Bahn (vom Bahnhof Shuttlebus oder eine Treppe aus ziemlich vielen Stufen), bleibt es vom Ansturm der Tagesausflügler halbwegs verschont und man kann hier beschauliche Tage verbringen. *k4*

5 MANAROLA

Von Corniglia aus sieht man Manarola mit seinen hübschen farbigen Häusern 3 km südöstlich an der Klippenküste liegen, malerisch hineingeschachtelt in eine Felsbucht, die zu einer Piazzetta voller Cafés und Restaurants oberhalb des kleinen Hafens ausläuft. Die Boote werden mit dem Kran nach oben zum „Parken" auf die Piazzetta und die Hauptgasse gehievt. *l5*

6 RIOMAGGIORE

Der südöstlichste Ort ist besonders eng eingeklemmt zwischen zwei Felsfalten, die Häuser ziehen sich vom Meer steil und eng die Felsen hinauf, eine Schneise schlägt die Hauptachse Via Colombo mit ihren kleinen Läden und Bars, die hinunter an die winzige Hafenrampe führt. Der Ort zieht sich so hoch hinauf, dass vom Bahnhof aus ein Aufzug in den oberen Ortsteil hinaufhilft, wo man vom *Belvedere* auf den Resten der Burg eine tolle Aussicht hat. Am oberen Ortsrand steht ein großes, hässliches Parkhaus. Im Dorf fällt an der Piazza dei Vignaioli ein buntes Wandgemälde auf, das die gesamte Fassade der Dorfschule bedeckt: Der Künstler Silvio Benedetto malte hier die Geschichte der Auswanderung aus den Cinque Terre nach Argentinien auf den Putz. *l-m6*

ESSEN & TRINKEN

ENOTECA DA ELISEO

Wenn schon Amerikas berühmtester Reiseautor Rick Steves befindet: „Die beste Weinbar der Stadt" … Eine quirlige Familie serviert in einem urigen Eck von Monterosso 99 Sorten Grappa, italienisches Bier und Wein aus den Cinque Terre, darunter natürlich der rare Sciacchetrà. Dazu gibts wunderbare Wurst- und Käseteller. *Di geschl. | Piazza Matteotti 3 | Tel. 01 87 81 73 08 | enotecadaeliseo.com | €–€€€*

Eingeklemmt zwischen Felsen, konnte Riomaggiore nur in die Höhe wachsen

ENOTECA INTERNAZIONALE

Das älteste Weinlokal von Monterosso hat 500 Sorten Wein aus ganz Italien vorrätig; dazu gibt es Bruschette für den kleinen Hunger. Nach Anmeldung sind Weintastings mit gestandenen Sommeliers möglich. *Mo geschl. | Via Roma 62 | Tel. 01 87 81 72 78 | enotecainternazionale.com | €–€€€*

A CANTINA DE MANANAN

Auf der Schiefertafel stehen die richtig guten Tagesgerichte dieser kleinen, gemütlichen Osteria an der zentralen Gasse von Corniglia. Reservieren! *Di geschl. | Via Fieschi 117 | Tel. 01 87 82 11 66 | €€*

NESSUN DORMA

Bei frischen Basilikum- und Zitronendrinks und Bruschette mit hiesigen Gemüsen und Fisch kann man egal zu welcher Tages- oder Abendzeit kaum schöner sitzen als direkt über der Brandung in dieser Weinbar auf der nordwestlichen Felsnase vor Manarola. *Im Winter Di geschl. | Punta Bonfiglio | Tel. 34 08 88 41 33 | €–€€*

INSIDER-TIPP
... und das Meer rauscht dazu

TRATTORIA DAL BILLY

Sympathische Trattoria in Manarola mit toller Aussichtsterrasse. *Do geschl. | Via Rollandi 122 | Tel. 01 87 92 06 28 | trattoriabilly.com | €€*

LA CANTINA DELLO ZIO BRAMANTE

In dieser rustikalen Taverne in Manarola gibt es zu guter Stimmung schmackhafte kleine Gerichte, vor al-

Traumhafte 12 km führen dich auf dem Sentiero Azzurro am Meer entlang von Dorf zu Dorf

lem aber eine reiche Weinauswahl und manchmal Livemusik. *Im Winter Do geschl. | Via Birolli 110 | Tel. 01 87 92 02 50 | Facebook | €€*

CAPPUN MAGRU

In Groppo oberhalb von Manarola bekommt man am allerbesten die ligurische Spezialität *cappun magru,* den berühmten Fisch-Gemüse-Auflauf. Auch sonst ist die Küche der deutsch-italienischen Wirtsleute sehr gut. Sehr klein, reservieren! *Mo geschl. | Via Riccobaldi 1 | Manarola-Groppo | Tel. 01 87 76 00 57 | Facebook | €€*

A PIÉ DE MÀ

Die Tische dieser Imbiss- und Cocktailbar mit Blick aufs Meer und die Felsküste stehen in Riomaggiore am Beginn der Via dell'Amore. Ein Glas Weißwein, ein Teller mit Focaccia und gesalzenen Sardellen und das Glück stellt sich ein. *Di geschl. | Via dell'Amore 55 | Tel. 01 87 92 10 37 | apiedema.it | €€*

IL PESCATO CUCINATO

Vor allem in Riomaggiore haben sich Streetfood-Imbisse wie dieser etabliert, in denen man in Papiertüten kross frittierte kleine Fischchen, Tintenfischringe, Gemüsestreifen auf die Hand bekommt. *Tgl. | Via Colombo 199 | €*

SHOPPEN

In Önotheken und Delikatessengeschäften bekommst du neben Wein kulinarische Spezialitäten wie Olivenöl, Pesto aus dem hier angebauten

Basilikum, Honig, Zitronenmarmelade, Liköre und Grappas sowie die besonders schmackhaften Sardellen von Monterosso. Die Winzergenossenschaft *(cantinacinqueterre.com)* verkauft in Groppo oberhalb von Manarola bei der *Cooperativa Agricola Cinque Terre.*

Mitten im Gewusel von Vernazza versteckt ist die Parfümerie *Gocce di Byron (Via Roma 35).* Zum Sortiment gehören romantische Duftnoten aus Ambra, Mandarine oder Jasmin, die klingende Namen wie Vernazza oder Portovenere tragen. Eine Möglichkeit, die unweigerlich auf die Reise folgende Urlaubsnostalgie zu lindern: Einmal sprühen und schon bist du wieder in den Cinque Terre.

INSIDER-TIPP **Küstendüftchen**

SPORT & SPASS

BOOTSFAHRTEN ★

Bootsfahrten die Küste entlang werden von April bis Oktober angeboten. Sie ermöglichen vom Meer aus eine tolle Sicht auf diese verwegene Küste und ihre terrassierten Anpflanzungen. Die Boote pendeln im Sommer im Stundentakt zwischen Monterosso, Vernazza, Riomaggiore und Portovenere, einige fahren auch bis La Spezia, Levanto oder Lerici. *navigazionegolfodeipoeti.it*

TAUCHEN

Diese felsige Küste erfreut das Taucherherz: In Riomaggiore gibt es das *Diving Center 5 Terre (Via San Giacomo | Tel. 01 87 92 00 11 | 5terrediving.it),* in Levanto empfiehlt sich das *Punta Mesco Diving Center (Ortsteil Valle Santa | Tel. 01 87 80 70 55 | divingcenter.net).*

WANDERUNGEN

Man verpasst etwas, wenn man hier nicht zumindest ein bisschen gewandert ist. Das nehmen sich alle Besucher zu Herzen: An Stoßtagen kommt es auf den Wegen, die die Dörfer miteinander verbinden, zu regelrechten Fußgängerstaus. Ca. 40 km lang ist die *Alta Via Cinque Terre (AV5T).* Von Levanto im Westen bis nach Portovenere im Osten folgt sie am Golf von La Spezia dem Bergkamm oberhalb der Cinque-Terre-Küste. Eine Beschreibung dieser großartigen Wanderroute mit spektakulären Ausblicken findest du im Kapitel „Erlebnistouren".

Wer sich die große Tour nicht zutraut, dem bieten sich viele nicht weniger schöne Alternativen. Eine tolle Tagestour ist die 12 km lange ★ Küstenwanderung auf dem *Sentiero Azzurro (SVA),* der längs der Küste die fünf Dörfer miteinander verbindet (kostenpflichtig, siehe Kasten „Cinque-Terre-Card"). Die Instandsetzung des berühmtesten, aber seit Jahren gesperrten Stücks, der *Via dell'Amore* zwischen Manarola und Riomaggiore, soll im Lauf des Jahres 2024 abgeschlossen sein. Wirklich romantisch war der „Liebesweg" vor der Sperrung ohnehin nicht mehr: abgesichert mit von Tausenden Liebesschlössern behängten Geländern, voller Herzschmerzgraffiti, die Felsen zum Schutz gegen Steinschlag zubetoniert. Es gibt so viel aufregenden Ersatz!

Zum Beispiel eine besonders schöne Wanderung von Monterosso nach Levanto. Circa dreieinhalb Stunden wanderst du durch duftende Macchia mit herrlichen Ausblicken, etwa vom Küstenvorsprung *Punta Mesco.* Gönn dir beim Abstieg eine Erfrischung auf der Panoramaterrasse des hübschen Hotels *La Giada del Mesco (lagiadadel mesco.it).*

Einzelne Strecken können immer mal wieder gesperrt sein, vor allem nach Regen. In den Touristenbüros erhältst du Auskunft dazu. Die Website *parco nazionale5terre.it* mit Wanderrouten, ständig aktuellen Karten und Apps fürs Smartphone eignet sich hervorragend zur Planung. Den aktuellen Zustand der Wege findest du auf Englisch unter dem Reiter „Visit the Path" und dort „Paths and Outdoor".

STRÄNDE

Der größte und angenehmste, weil bequemste ist der lange ★ *Sandstrand von Monterosso,* der jedoch in der Hochsaison mit Badenden und Liegestühlen überfüllt ist. Gut zugänglich ist das Meer von den kleinen Hafenbuchten aus, außerdem gelangt man links von der Bootsanlegestelle von Riomaggiore zu einem richtigen Strand, allerdings aus Kies und Stein. Eine weitere Badebucht haben bei Vernazza die Ablagerungen der großen Erdrutsche von 2011 geschaffen, durch einen Felsbogen leicht zu erreichen.

Besonders schön ist die felsige Badebucht unterhalb von Corniglia, allerdings nur anstrengend über einen Treppenweg zu erreichen. Ein längerer, steinig-sandiger Strandsaum, *spiaggione* genannt, erstreckt sich unterhalb des Bahnhofs von Corniglia. Auf der anderen Seite der Ortschaft geht es in einen dunklen, stillgelegten Bahntunnel, fast 1 km lang, an dessen Ausgang man zum schattenlosen Kiesstrand *Guvano* vor eindrucksvoller Felskulisse gelangt, beliebt trotz Verbot auch bei FKK-Anhängern.

Größere Badestrände mit feinem Kieselsand haben die Nachbarorte Levanto, Bonassola, Framura, Deiva Marina und Moneglia, alle billig und schnell mit der Bahn zu erreichen. Mit klarem Wasser und Bar überzeugt vor allem der ruhige, allerdings steinige Strand in *Framura.*

RUND UM DIE CINQUE TERRE

7 LEVANTO

4 km nordwestlich von Monterosso/ 5 Min. mit der Bahn

Levanto (5000 Ew.) liegt geschützt vor grüner Bergkulisse an einem kleinen Golf mit grauem Kieselstrand. Das sympathische Badestädtchen bezeichnet sich als „Tor zu den Cinque Terre". Hier findest du Gassen und Plätze, die zum Flanieren, Shoppen und zum Aperitif einladen – oder zu einem köstlichen Eis aus Zitronen aus Levanto, aus Pistazien oder Lakritz, auch vegan und laktosefrei, bei *L'Altro Gelato (Piazza Staglieno 25)*. *P4*

8 BONASSOLA

7 km nordwestlich von Monterosso/ 9 Min. mit der Bahn

Mit dem Zug gelangt man rasch in diesen abgeschieden in einer Bucht gelegenen Ort mit Sandstrand. Für den kleinen Hunger empfiehlt sich die besonders gute Focacciabäckerei *Da Marisa Antica Liguria (Piazza della Chiesa 7)* im verkehrsberuhigten Zentrum. Einst eine Bahnstrecke, jetzt eine Radautobahn: Über 7 km führt der Weg von Levanto über Bonassola nach Framura, mal durch Tunnel, mal mit famosem Ausblick und vor allem: an Badestellen vorbei! Radverleihe sorgen für den passenden fahrbaren Untersatz – zu Fuß ists aber auch schön! *P4*

INSIDER-TIPP
Aus der Bahn!

In Monterosso machen die Berge Platz für einen richtigen Strand aus Sand und Kieseln

ERLEBNIS TOUREN

Lust, die Besonderheiten der Region zu entdecken? Dann sind die Erlebnistouren genau das Richtige für dich! Ganz einfach wird es mit der MARCO POLO Touren-App: Die Tour über den QR-Code aufs Smartphone laden – und auch offline die perfekte Orientierung haben.

1 IN DIE BERGE DER PONENTE OBERHALB VON IMPERIA

- Die aromatische lokale Olivensorte probieren
- In einen frischen Bergsee hüpfen
- „Hexenküsse" in einem urigen Tante-Emma-Laden kaufen

Taggia — Imperia

gut 100 km — 1 Tag, reine Fahrzeit 3 Stunden

1 Taggia

Das Städtchen 1 Taggia voller stattlicher Patrizierhäuser mit von dunklem Schieferstein gerahmten Portalen und einer grandiosen mittelalterlichen Brücke aus 16 Bögen liegt direkt am Fluss Argentina. In der Klosteranlage San Domenico *(Di–So 9–12 und 15–17 Uhr |*

Ein Bilderbuch-Badestopp: der kleine Laghetto di Noci bei Molini di Triora

Piazza Beato Cristoforo 6) aus dem 15. Jh. *südwestlich vor der Altstadt* lohnen die Werke des ligurischen Renaissancemalers Lodovico Brea einen Blick. Aus den hiesigen Olivenbaumplantagen kommt die *oliva taggiasca,* dunkel, klein und von intensivem, süßlichem Geschmack. Im Laden der Ölmühle **Boeri** *(Viale Rimembranza 34 | olioboeri.com)* kannst du nach allen Regeln der Kunst gutes Öl verkosten; eingelegte Oliven gibt es auch.

INSIDER-TIPP
Grünes Gold schlürfen

10 km

Auf der Talstraße SS 548 geht es nach ❷ **Badalucco**: ein pittoreskes mittelalterliches Dorf direkt überm Fluss mit dunklen Gässchen, bunten Häusern, Keramikdekor, der sehenswerten Barockkirche **San Giorgio** und zwei viele Jahrhunderte alten Buckelbrücken. Kulinarische Spezialitäten, deren Kauf hier lohnt, sind weiße Bohnen, *rundin* genannt, sowie Stockfisch.

❷ Badalucco

4 km

EIN ERSTER BADESTOPP

Das Tal rückt nun enger zusammen zwischen bewaldeten Hängen. *Dort wo der Bergfluss Carpasina in den Argentina fließt, führt ein kurzer Abstecher auf der Straße SP 21 ins alte Wehrdorf* ❸ **Montalto Ligure** mit der

❸ Montalto Ligure

mittelalterlichen Friedhofskirche **San Giorgio** mit gut erhaltenen Fresken. *Beim Dorfausgang Richtung Carpasio führt vor den letzten zwei Häusern rechts ein Fußpfad von der Straße zum* **Bergflüsschen Carpasina** mit vielen kleinen Badestellen. Zu einer der schönsten zweigt nach ca. 20 Minuten rechts ein Trampelpfad ab.

13 km

INSIDER-TIPP
Planschen wie die Nymphen

Fernab vom Trubel an der Küste wirkt ein Bad in den natürlichen Becken inmitten der alten Wälder himmlisch erfrischend. Zur anschließenden Stärkung empfiehlt sich, *zurück im mittelalterlichen Gassengeflecht von Montalto,* ein Teller Trüffelpasta, am besten auf der Dachterrasse des **La Finestrella** *(Mi geschl. | Via Roma 1 | Tel. 01 84 40 70 41 | lafinestrelladimontalto.it | €€)* zwischen verwitterten Mauern und mit tollem Ausblick.

SCHÖNES DORF, DÜSTERE GESCHICHTE

4 Molini di Triora

Zurück auf der SS 548, kommst du nach **4 Molini di Triora**: Hier fließt der Bergbach Capriolo in den Argentina; er hielt einst Dutzende Getreidemühlen in Gang. Heute speist er jeden Sommer den kleinen See **Laghetto dei Noci** gleich beim Dorf – noch ein idealer Badestopp. Wenig später – mittlerweile bist du auf

6 km

Hexenpuppen, „Hexenküsse", ein Hexenmuseum: In Triora geht es verhext zu

780 m Höhe – ist ❺ Triora erreicht. In der Ferne erheben sich die Zweitausender Monte Saccarello (2200 m) im Norden und Monte Pietravecchia (2038 m) im Westen. In seinem Kern ein typischer Bergort aus dunklen Steinhäusern – der Kontrast zu den farbigen, sonnigen Küstenorten könnte kaum größer sein –, ist Triora eines der „schönsten Dörfer Italiens". 1587–89 war es hier zu schlimmen Hexenverfolgungen gekommen. Das Museo Etnografico e della Stregoneria *(April–Juni tgl. 15–18.30, Sa/So auch 10.30–12, Juli–Sept. tgl. 10.30–12 und 15–18.30, Okt.–März tgl. 14.30–18, Sa/So auch 10.30–12 Uhr | Corso Italia 1)* erzählt davon, aber auch von der einstigen Puppenproduktion. Unheimlich kann es einem in manchen Ecken schon werden, in engen Gassen und düsteren Bogengängen oder auf dem alten Friedhof in den Ruinen einer der Festungsanlagen. Im urigen Laden La Strega di Triora *(Corso Italia 50 | lastregaditriora.it)* bekommst du Hexenküsse aus Schokolade und Liebeselixiere aus Bergkräutern, aber auch erstklassige Bergkäse, Pilze, Honig, Liköre aus lokaler Produktion.

INSIDER-TIPP
Magische Andenken

❺ Triora

23 km

❻ Passo della Teglia

ABENDESSEN IM BELIEBTEN AUSFLUGSLOKAL

Unterhalb von Molini di Triora geht es nun links auf das schmale, gewundene Bergsträßchen SP 17 über den 1387 m hohen ❻ Passo della Teglia *ins Nachbartal Val-*

19 km
❼ Pieve di Teco
17 km
❽ Lucinasco
17 km
❾ Imperia

le Arroscia. Immer wieder bietet sich eine grandiose Weitsicht über die Bergwelt bis ans Meer. ❼ **Pieve di Teco** war hier einst Zentrum und Marktplatz. Davon zeugen die Arkaden, die die lange Hauptgasse säumen. Unter ihnen schlagen jeden letzten Sonntag im Monat Trödelhändler ihre Stände auf. *Auf der SS28 geht es dann zügig zurück Richtung Küste.* Ein letztes schönes Dorf ist ❽ **Lucinasco**. Dort warten in der **Trattoria La Locandiera** ➤ S. 52 Kaninchenbraten und Ormeascowein auf Ausflügler. Nach dem Essen *erreichst du dann in wenigen Minuten bei* ❾ **Imperia** ➤ S. 52 *die Küste.*

❷ IN DIE WÄLDER IM HINTERLAND DER LEVANTE

- ➤ Köstlichen Käse mit kuriosem Namen kosten
- ➤ Ein Picknick am Bergsee
- ➤ Kostbare Bergkirchen entdecken

Start: Basilica San Salvatore dei Fieschi
Ziel: Basilica San Salvatore dei Fieschi
Strecke: knapp 120 km
Dauer: 1 Tag, reine Fahrzeit 3-4 Stunden

❶ Basilica San Salvatore dei Fieschi
18 km
❷ Abbazia di Sant'Andrea di Borzone
31 km
❸ Rezzoaglio

Erstes Ziel ist die besonders schöne ❶ **Basilica San Salvatore dei Fieschi** ➤ S. 96 *1 km außerhalb von Chiavari. Zur Weiterfahrt wechselst du bei Carasco von der SP225 auf die SS586 nach Borzonasca. Etwa 3 km außerhalb* liegt die mittelalterliche ❷ **Abbazia di Sant'Andrea di Borzone** einsam vor der Kulisse bewaldeter Hügel.

BERGKÄSE DIREKT AUS DER KÄSEREI

Zurück auf der SS586, geht es kurvig bergauf und sehr schön weiter über den Sattel La Forcella (876 m) nun hinein in die Val d'Aveto ins hübsche, über mehrere Weiler verstreute Dorf ❸ **Rezzoaglio** mit zwei alten Buckelbrücken über den Aveto, vielen Kirchen und ein paar netten Trattorien. Hier hat sporadisch ein **Besucherzentrum des Parco dell'Aveto** *(Info zu Öffnungszeiten Tel. 3346117354 | Via Roma 47 | parcoaveto.it)* geöffnet, in dem du Wanderkarten erhältst. *An der Straße in den Ortsteil Rezzoaglio Basso* kaufst du in der Käserei **Caseificio Val d'Aveto** *(Mo–Fr 8–19, Sa/So 8–13 und 14–19 Uhr)* den typischen würzigen Bergkäse San Stè, ideal für ein späteres Picknick.

SPAZIERGANG AM GLETSCHERSEE

Nächstes Ziel ist der kleine, im Wald versteckte Gletschersee ❹ **Lago delle Lame** auf 1043 m Höhe. *Nimm die Bergstraße SS 654 Richtung Magnasco und bieg von dieser rechts ab in ein 5 km langes, gewundenes Sträßchen bis hinauf zum See.* Von hier starten ausgeschilderte Wanderwege. Der Wald lädt zum Spazieren und Picknicken ein – such dir einfach den Weg, der am besten deinen aktuellen Bedürfnissen gerecht wird.

Von Magnasco passierst du nach 5½ km durch schöne Natur kurz vor Montegrosso den Biohof ❺ **Mulino di Gramizza** *(Via Gramizza 23 | Tel. 0185899236 | azienda-agricola-mulino-di-gramizza.business.site)* – die in der kleinen hauseigenen Werkstatt selbst gemahlenen Mehle u.a. aus Kichererbsen *(ceci)* sind ein Geheimtipp für Brotbäcker und Mehlgourmets! Der Hofladen ist so einfach wie urig und fast schon museal. *Nach nur sechs weiteren Kilometern* kannst du dir zum Abschluss im eher modernen Bergferienort ❻ **Santo Stefano d'Aveto** ein Eis oder einen ersten Aperitif schmecken lassen. Beeindruckt von der hohen, weiten Berglandschaft des Apennins, geht es dann *über die SP 86 zur SS 586 und über Rezzoaglio wieder zurück an die Küste zur* ❶ **Basilica San Salvatore dei Fieschi**.

7 km

❹ Lago delle Lame

9 km

❺ Mulino di Gramizza

6 km

❻ Santo Stefano d'Aveto

49 km

❶ Basilica San Salvatore dei Fieschi

❸ EINE TAGESWANDERUNG IN DEN CINQUE TERRE

- ➤ Durch Macchia, Weinberge und Olivenhaine wandern
- ➤ Das spektakuläre Panorama der Steilküste genießen
- ➤ In einer idyllischen Gartenwirtschaft Kraft tanken

Start	Portovenere	Ziel	Riomaggiore
Strecke	13 km	Dauer	1 Tag, reine Gehzeit 4 ½–5 Stunden
Schwierigkeit	mittel	Höhenmeter	600 m

❶ Portovenere

1 km

❷ Rifugio Muzzerone

4 km

Die Tour beginnt mit dem grandiosen Panorama auf der äußersten Felsspitze von ❶ **Portovenere** ➤ S. 104 mit dem exponierten Kirchlein **San Pietro**. *Von hier geht es durch den malerischen Dorfkern. Du folgst der rot-weißen Markierung und steigst auf einem Treppenweg empor. Nach etwa 30 schweißtreibenden Minuten* hast du die Gartenwirtschaft ❷ **Rifugio Muzzerone** *(April–Anfang Okt. tgl. | Tel. 34 08 09 87 20 | €)* mit grandioser Aussicht erreicht. Die Climber, die sich an den hellkalkigen Felswänden des Muzzerone steil überm Meer abarbeiten, essen und übernachten hier auch.

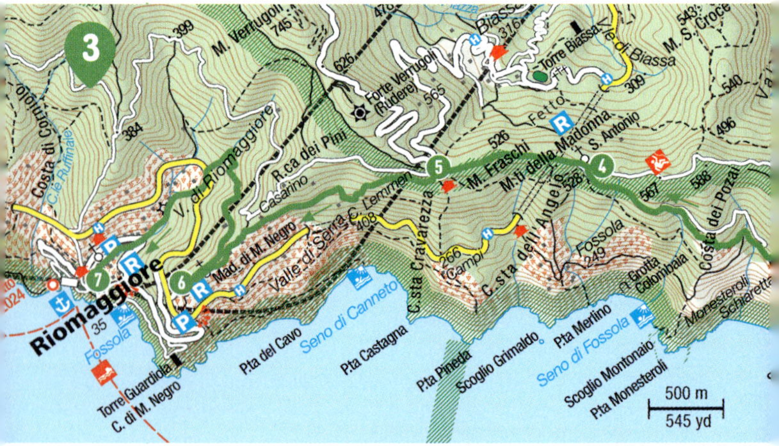

ERSTE BLICKE AUF DIE CINQUE TERRE

Nach einem *Wechsel aus Sträßchen und Wegen mit Panoramapunkten erreichst du einen schmalen Küstenpfad,* der oberhalb dieser spektakulären Felswände auf und ab an Felsen, Ginster und Fichten vorbeiführt, nun mit Blick aufs Meer und die vor dir liegende Küste der Cinque Terre. *Der Markierung AV 5T/Sentiero 1 folgst du* durch schattigen Wald und *auf einem letzten Stück Straße ins Dorf* ❸ **Campiglia**. Von dessen Kirchplatz könnte der Weitblick nicht schöner sein. Hier lädt der Imbiss **Piccolo Blu** ➤ S. 104 zu einer weiteren Pause ein.

Weiter auf dem Weg Nr. 1 durch den Wald, stets in sanfter Steigung, ist nach etwa 40 Minuten ein ❹ **Kiosk** mit Picknicktischen erreicht. *Nach weiteren 15 Minuten* kommst du am ❺ **Colle del Telegrafo** an – ebenfalls mit Einkehrstation. *Hier beginnt der Abstieg. An einer Weg- und Straßenkreuzung folgst du der Markierung 3 bzw. SVA (Sentiero Verde Azzurro).Der Weg führt durch ein Waldstück zum Weiler Lemmen und weiter zur Wallfahrtskirche* ❻ **Santuario di Nostra Signora di Monte Nero** in herrlicher Panoramalage. Der Abstieg nach ❼ **Riomaggiore** ➤ S. 114 geht immer wieder *über steile Treppenwege. Auf der Hauptgasse des Dorfs angekommen,* stärkst du dich mit frisch frittiertem Fisch und belohnst dich am Badezugang mit einer Abkühlung im Meer.

❸ Campiglia
2 km
❹ Kiosk
1 km
❺ Colle del Telegrafo
2 km
❻ Santuario di Nostra Signora di Monte Nero
3 km
❼ Riomaggiore

GUT ZU WISSEN

DIE BASICS FÜR DEINEN URLAUB

ANKOMMEN

ANREISE

Mit dem Auto fährt man durch die Schweiz über die Gotthardautobahn nach Mailand und von dort weiter Richtung Genua (durchgängig Autobahn) oder durch Österreich über den Brenner nach Verona und von dort auf die Autobahn Brescia–Piacenza–Genua bzw. La Spezia. Weitere Routen führen über Turin, Alessandria und Parma. Die Autobahnen in Italien sind ebenso wie die in Österreich und der Schweiz mautpflichtig. Bei *blablacar.de,* Europas größter Mitfahrcommunity, findet man preisgünstige Mitfahrgelegenheiten.

Mit dem Zug geht es über die Schweiz auf der Gotthard-Mailand-Strecke und von Mailand weiter nach Genua oder München–Brenner–Verona und von dort über Brescia nach Genua.

Mit dem Fernbus reist man für etwa 50–100 Euro in zehn bis zwölf Stunden von München nach Genua. *de.omio.com*

Genuas Flughafen Cristoforo Colombo *(airport.genova.it)* wird direkt aus München oder mit Zwischenstopp in Mailand angeflogen. Ein Sammeltaxi zu den beiden Bahnhöfen von Genua kostet nur ca. 8 Euro pro Person. Der *Volabus*-Shuttle *(5.30–24 Uhr ca. alle 30–60 Min. | 6 Euro inkl. 1 Std. in allen Stadtlinien)* verbindet den Flughafen in 30 Minuten mit den Bahnhöfen in der Stadt.

WEITERKOMMEN

AUTO

Mitzuführen sind Führerschein und Fahrzeugschein, empfohlen wird die

Für ein Schwätzchen ist immer Zeit – die Herrschaften in Finalborgo machen's vor

grüne Versicherungskarte. Auch tagsüber ist außerhalb von geschlossenen Ortschaften das Fahren mit Abblendlicht vorgeschrieben. Die Höchstgeschwindigkeit in geschlossenen Ortschaften beträgt 50, außerorts 90, auf Autobahnen 130 km/h. Die Promillegrenze liegt bei 0,5. Pflicht ist das Mitführen einer Warnweste für alle Wageninsassen. Vom 15. November bis 15. April muss man mit Winterreifen fahren oder Schneeketten im Fahrzeug dabeihaben.

Außer auf den Autobahnen kannst du an vielen Tankstellen außerhalb der Kernarbeitszeiten nur per Automat tanken (Mittagspause: 12.30–15.30 Uhr). Vor allem in den Innenstädten und Badeorten sind Parkplätze rar. Es gibt drei Kategorien: Blau markiert sind kostenpflichtige, meist auf drei Stunden begrenzte Parkplätze, gelb sind kostenpflichtige Kurzzeitzonen, weiß kostenlose Plätze. Den Parkschein zieht man meist aus Automaten oder kauft ihn als Rubbelschein in Zeitungskiosken und *tabacchi*-Läden. Grundsätzlich empfiehlt es sich, das Auto auf einem Parkplatz oder im Parkhaus abzustellen und die Innenstadt zu Fuß bzw. mit den öffentlichen Verkehrsmitteln zu erkunden.

Viele Ortszentren sind ganz für den Verkehr gesperrt: Das *centro storico* von Genua ist ebenso wie das von La Spezia als eine solche Z.T.L. *(Zona a Traffico Limitato)* ausgeschildert und wird von Kameras überwacht – Strafzettel werden an die Heimatadresse nachgeschickt! In den Innenstadthotels und Parkhäusern bekommt man als Kunde eine Einfahrtgenehmigung. Außerdem gibt es in Genua Umweltbeschränkungen für Fahrzeuge bestimmter Schadstoffklassen; bei Redaktionsschluss waren im Ausland zugelassene Autos davon jedoch ausgenommen.

> **GRÜN & FAIR REISEN**
>
> Du willst beim Reisen deine CO_2-Bilanz im Hinterkopf behalten? Dann kannst du deine Emissionen kompensieren *(atmosfair.de; my climate.org)*, deine Route umweltgerecht planen *(routerank.com)* oder auf Natur und Kultur *(gate-tourismus.de)* achten. Mehr über ökologischen Tourismus erfährst du hier: *oete.de* (europaweit); *ger manwatch.org* (weltweit).

MIETWAGEN

In Genua findest du am Flughafen die großen Autovermietungen. Avis und Hertz haben auch Niederlassungen in der Innenstadt. Der Wochentarif für einen Kleinwagen startet bei ca. 250 Euro. In der Regel ist eine Buchung vor der Reise übers Internet bzw. Reisebüro günstiger als die Miete vor Ort.

ÖFFENTLICHE VERKEHRSMITTEL

An Liguriens Küste ist das Bahnfahren reizvoll und preiswert. Von Genua aus verkehren Züge in westlicher und östlicher Richtung entlang der Küste tagsüber nahezu im Stundentakt und machen die Bahn so zum idealen und preiswerten Fortbewegungsmittel im Küstenbereich der ligurischen Riviera. Fahrpläne findet man (auch auf Englisch) auf *trenitalia.com.* Der Onlineservice *viaggiatreno.it* informiert in Echtzeit über Verspätungen, Streiks usw. Wichtig: Die Fahrkarte muss vor Fahrtantritt an den Automaten auf dem Bahnhof entwertet werden!

Eine Reihe von Busgesellschaften versorgen die Küste, vor allem aber das bergige Hinterland mit recht häufigen Fahrten, sodass in Ligurien ein Ferienaufenthalt ohne Auto sehr wohl machbar ist. Die Fahrpläne bekommt man in den Touristenbüros.

Für den Großraum Genua gibt es ein gutes Busnetz; darüber hinaus gelangt man auf dem Wasserweg mit dem *Navebus* vom Alten Hafen in den westlichen Vorort Pegli, außerdem durchzieht die Innenstadt eine U-Bahn-Linie und Zahnradbahnen *(funicolari)* und Aufzüge *(ascensori)* verbinden mit den höher gelegenen Stadtteilen. Bei der Suche nach der besten Verbindung hilft die Website der städtischen Verkehrsbetriebe: *amt.genova.it*

TAXI

Frag vor Beginn der Fahrt nach dem ungefähren Fahrpreis, um unliebsame Überraschungen zu vermeiden, und achte darauf, dass der Fahrer das Taxameter einschaltet.

IM URLAUB

EINTRITTSPREISE

Private Museen sind im Schnitt bis zu 5 Euro teurer als die staatlichen, in denen der Eintritt sich meist zwischen 5 und 15 Euro bewegt, in den großen Museumskomplexen können es auch mal 20 Euro serden. Das Aquarium in Genua etwa kostete bei Redaktionsschluss 22 Euro (Kinder bis zwölf Jahre 14 Euro), in die Giardini Hanbury

FESTE & EVENTS
RUND UMS JAHR

MÄRZ
Sanremoinfiore (Sanremo), *info-sanremo.com/carri-fioriti.html:* mit Blumen geschmückter Festzug durch die Stadt

MAI
Sagra del Pesce (Camogli), Schlemmerfest um eine riesige Fischpfanne

MAI/JUNI
Rolli Days (Genua), *visitgenoa.it:* Viele Palazzi öffnen ihre Portale für Besucher.

JUNI
Noli Medievale s. S. 64
Andersen Festival (Sestri Levante), *andersensestri.it:* Märchenerzähler und Straßenkünstler am Strand
Giraglia Rolex Cup (Sanremo), *rolexgiraglia.com:* traditionsreichste Segelregatta Liguriens
Suq (Genua), *suqgenova.it:* zehn Tage lang Multikultibasar im Porto Antico
Percfest (Laigueglia), *percfest.it:* Percussion und Jazz (s. S. 59)

JUNI/JULI
Festival Musicale del Mediterraneo (Genua), *echoart.org:* internationales Weltmusik-Festival

JULI
Goaboa (Genua), *goaboa.it:* Rockfestival
Teatro dell'Opera Giocosa (Savona), *operagiocosa.it:* Klassikfestival
Festa della Maddalena (Taggia): archaisches Fest mit mittelalterlichem Totentanz

AUGUST
Palio del Golfo (La Spezia), *paliodelgolfo.it:* historischer Ruderwettkampf
Torta dei Fieschi (Lavagna), *tortadeifieschi.it:* Historienspektakel mit haushoher Torte

SEPTEMBER
Vele d'Epoca (Imperia), *veledepoca.com:* historische Segelregatta in geraden Jahren
Rolli Days (Genua), *visitgenoa.it:* Viele Palazzi öffnen Besuchern ihre Portale.

kommt man für 10 Euro (Kinder bis 14 Jahre 8 Euro), der Parco Avventura Val di Vara verlangt je nach Alter 22, 20, 16 bzw. 10 Euro, das Museum in Genuas Palazzo Reale 11 Euro (Kinder bis 18 Jahre gratis), das Museo dell'Olivo in Imperia kostet 5 Euro, Kinder bis 18 Jahre die Hälfte. In kleinen, privaten Museen, die meist ehrenamtlich geführt werden, kostet der Eintritt oft nur wenige Euro oder ist kostenlos. Viele größere Städte experimentieren mit Kombitickets. In allen staatlichen Museen ist der Eintritt am ersten Sonntag des Monats frei.

FEIERTAGE

1. Jan.	*Capodanno* (Neujahr)
6. Jan.	*Epifania* (Hl. Drei Könige)
März/April	*Pasquetta* (Ostermontag)
25. April	*Liberazione* (Befreiung vom Faschismus)
1. Mai	*Festa del Lavoro* (Tag der Arbeit)
2. Juni	*Festa della Repubblica* (Tag der Republik)
15. Aug.	*Ferragosto* (Mariä Himmelfahrt)
1. Nov.	*Ognissanti* (Allerheiligen)
8. Dez.	*Immacolata Concezione* (Mariä Empfängnis)
25. Dez.	*Natale* (Weihnachten)
26. Dez.	*Santo Stefano* (Zweiter Weihnachtsfeiertag)

INTERNETZUGANG & WLAN

Internetzugang ist in Ligurien fast nie ein Problem. Seit einigen Jahren sind Liguriens Städte online, auch Touristen können das öffentliche Netz nutzen. Nötig ist eine Registrierung auf *regioneliguriawifi.it*. Dort gibt es auch eine ausführliche Erklärung; in einigen Städten ist eine Registrierung nur an bestimmten Hotspots möglich. Das Passwort, das du dann erhältst, gilt in allen ligurischen WLAN-Netzen. Auch in unzähligen Bars, Cafés und Restaurants findet man drahtlosen Anschluss. Schwierig werden kann es in den Bergen, wo trotz all der Antennen auf vielen Gipfeln häufig kein guter Empfang ist.

ÖFFNUNGSZEITEN

Lebensmittelgeschäfte sind in Ligurien werktags meist von 8.30 bis 13 und von 17 bis 19.30 Uhr geöffnet, alle anderen Läden, Supermärkte und Warenhäuser öffnen von 8.30 oder 9 bis 12.30 oder 13 und von 15.30 oder 16 bis 19.30 oder 20 Uhr. An einem Nachmittag in der Woche sind alle Geschäfte geschlossen. In den Badeorten bleiben die Geschäfte und Boutiquen in der Hochsaison oft bis spätabends offen. Kirchen sind meist täglich von 8 bis 18 Uhr geöffnet, aber über Mittag häufig geschlossen.

POST

Briefmarken gibt es auch in Tabakläden. Briefe und Postkarten in EU-Länder und die Schweiz brauchten bei Redaktionsschluss mit der obligatorischen *posta prioritaria* Marken zu 1,30 Euro. *www.poste.it*

STRÄNDE

Fast jede Gemeinde hat zwischen den privaten Strandbädern einen freien Strand, der mit Dusche und Badeaufsicht ausgestattet ist, genannt *Spiaggia Libera Attrezzata* (SLA). Auch gibt es hier und dort Strandabschnitte, die man mit Hunden benutzen darf.

Die Riviera di Ponente ist überwiegend sandig, die Riviera di Levante eher steinig. Das Wasser ist an beiden Küstenabschnitten sehr sauber – außer natürlich im Hafengebiet und an Flussmündungen. Seit Jahren hält sich Ligurien im italienischen Vergleich ganz vorne, viele Strandorte haben die Blaue Flagge der Europäischen Union für schöne und gepflegte Strände mit guter Wasserqualität erhalten. Ob dein Ort darunter ist, erfährst du schon am Ortsschild – oder unter *bandierablu.org.*

TELEFON & HANDY

Innerhalb Italiens gibt es keine Vorwahlen, daher musst du auch bei Anrufen innerorts immer die vollständige Nummer und bei Anrufen aus dem Ausland immer die Null am Beginn der Nummer mitwählen. Vorwahlen: Italien *0039,* Deutschland *0049,* Schweiz *0041,* Österreich *0043*

TRINKGELD

In Restaurants wird selten ein Zuschlag von zehn bis 15 Prozent erhoben, das muss aber auf der Karte als *servizio* ausgewiesen sein. Freundliche Kellner freuen sich über ein Trinkgeld (ca. fünf bis zehn Prozent), wenn du zufrieden warst, ebenso der Zimmerservice im Hotel.

UNTERKUNFT

Fast überall in Italien wird für jede Übernachtung eine Kurtaxe zwischen 2 und (in Luxushotels) 4 Euro pro Nacht erhoben. Die mit Abstand teuersten Monate sind Juli und August, in Hotels muss man dann oft Halbpension buchen.

Die Website *ostellionline.net* listet die günstigeren Hostels auf, die überall aus dem Boden sprießen und oft kreativ gestaltet sind, um die Jugend anzuziehen. Eine klassische Jugendherberge *(hihostels.it)* gibt es nur in Genua.

Das milde Klima der Riviera sorgt für grandiose Palmenpromenaden wie hier in La Spezia

WAS KOSTET WIE VIEL?

Kaffee	1–1,50 Euro *für einen Espresso*
Eis	2,50 Euro *für eine kleine Portion (meist 2 Kugeln)*
Wein	3–5 Euro *für ein Glas am Tresen*
Imbiss	ab 3 Euro *für ein Stück Focaccia*
Benzin	um 1,80 Euro *für 1 l Super*
Strand	ab 20 Euro *Miete für Schirm und Liege pro Tag*

Für Camper ist die Riviera wegen Platzmangel und engen, gewundenen Straßen nicht gerade ein Paradies. Dennoch gibt es gut 100 Plätze, einige ganzjährig geöffnet. Drei Websites zum Thema: *camping.it, camping.info, pincamp.de*

Mit Ferienwohnungen ist Ligurien sehr reichhaltig ausgestattet. Gute Websites sind z. B. *ligurien-ferienwohnung.de, blumenriviera.de, ferienwohnung-ligurien.com*. Ausgesucht schöne Objekte sind auf *sommerfrische.it* zusammengestellt. Noch mehr Unterkünfte sammeln *bbitalia.it* und *italia-casale.de*. Infos zu Ferien auf dem Bauernhof im Landesinnern findest du auf *de.agriturismo.com/bauernhof/liguria* oder *agriturismo.it*.

ZOLL

Innerhalb der EU dürfen Waren für den persönlichen Bedarf frei ein- und ausgeführt werden, Richtwerte hierfür sind u.a. 800 Zigaretten und 10 l Spirituosen. Für die Schweiz gelten wesentlich geringere Freimengen, u.a. 250 Zigaretten, 1 l Spirituosen und 5 l Wein.

NOTFÄLLE

DIPLOMATISCHE VERTRETUNGEN

- *Deutsches Konsulat in Genua: Via Macaggi 21-8 | Tel. 37 16 82 14 63 | italien.diplo.de*
- *Österreichisches Konsulat in Genua: Via Assarotti 5 | Tel. 01 08 39 39 83 | bmeia.gv.at*
- *Schweizer Konsulat in Genua: Lungobisagno Istria 29 | Tel. 01 08 38 05 11 eda.admin.ch/milano*

GESUNDHEIT

Das Honorarkonsulat in Genua hat Adressenlisten von deutschsprachigen Ärzten. Im Krankenhaus bzw. dem örtlichen Gesundheitsamt ASL *(Azienda Sanitaria Locale)* legst du die Europäische Versicherungskarte EHIC (auf der Rückseite der Versichertenkarte) vor. Die Notfallambulanz *(Pronto Soccorso)* der Krankenhäuser hilft meist schnell, gut und unbürokratisch. Bei Hausärzten kann es sein, dass du zuerst selbst zahlen und die Rechnung dann bei deiner Krankenkasse zur Erstattung einreichen musst.

NOTRUF

Allgemeiner Notruf (Polizei, Feuerwehr, Notarzt) *Tel. 112*. Pannenhilfe des ACI *(Automobile Club Italiano) Tel.*

80 31 16, vom nichtitalienischen Handy *800 11 68 00*.

WICHTIGE HINWEISE

AUSKUNFT

Die offizielle Website der Region ist *lamialiguria.it* mit vielen Reise- und Veranstaltungstipps auf Englisch, teils auch Deutsch. *www.enit.de* bzw. *enit.at* ist die Website der italienischen Zentrale für Tourismus. Mehr Stoff auf Deutsch: *blumenriviera.de/reisefuehrer-ligurien* und *ligurien-info.de*. Umfangreich ist Genuas offizielle Website *visitgenoa.it*, auch auf Deutsch. Speziell zur Cinque-Terre-Küste und ihren Wanderwegen informiert – auch auf Englisch – *parconazionale5terre.it*. Zwei gute Websites zum Wetter in Italien sind *ilmeteo.it* und *meteo.it*.

KLIMA & REISEZEIT

Im Hochsommer kann es sehr heiß und schwül sein und in der Hauptferienzeit platzen die Küstenorte aus allen Nähten. Ideale Reisezeiten sind Frühjahr, Früh- und Spätsommer. Der Herbst kann recht regnerisch sein, mit Überschwemmungen und Erdrutschen. Die Lage der Riviera im Schutz des Apenninbogens begünstigt milde Winter, sodass man durchaus im Januar im Straßencafé sitzen kann – 12 bis 15 Grad sind da keine Seltenheit. Dennoch schließen an der Küste eine ganze Reihe von Ferienhotels und Restaurants in den Wintermonaten.

WETTER IN GENUA

Hauptsaison
Nebensaison

	JAN.	FEB.	MÄRZ	APRIL	MAI	JUNI	JULI	AUG.	SEPT.	OKT.	NOV.	DEZ.
Tagestemperaturen	10°	12°	14°	18°	21°	25°	27°	28°	25°	20°	15°	12°
Nachttemperaturen	6°	6°	9°	12°	15°	19°	22°	22°	19°	15°	11°	7°
Sonnenschein Stunden/Tag	4	4	5	6	7	8	10	9	7	6	4	4
Niederschlag Tage/Monat	7	7	7	7	8	5	3	4	6	9	10	8
Wassertemperatur in °C	13	12	13	14	16	20	23	23	21	19	16	14

Sonnenschein Stunden/Tag · Niederschlag Tage/Monat · Wassertemperatur in °C

SPICKZETTEL ITALIENISCH

SMALLTALK

Ein Akzent steht im Italienischen nur, wenn die letzte Silbe betont wird. Ansonsten haben wir die Betonung durch einen Punkt unter dem betonten Vokal angegeben.

ja/nein/vielleicht	**sì/no/fọrse**
bitte/danke	**per favọre/grạzie**
Entschuldige!/Entschuldigen Sie!	**Scụsa!/Scụsi!**
Wie bitte?	**Cọme dịce?/Prẹgo?**
Gute(n) Morgen!/Tag!/Abend!/Nacht!	**Buọn giọrno!/Buọn giọrno!/Buọna sẹra!/Buọna nọtte!**
Hallo!/Tschüss!/Auf Wiedersehen!	**Cịao!/Cịao!/Arrivedẹrci!**
Ich heiße …	**Mi chiạmo …**
Wie heißen Sie?/Wie heißt du?	**Cọme si chiạma?/Cọme ti chiạmi?**
Ich möchte …/Haben Sie …?	**Vorrẹi …/Avẹte …?**
Das gefällt mir (nicht).	**(Non) mi piạce.**
gut/schlecht	**buọno/cattịvo**

ZEIGEBILDER

ESSEN & TRINKEN

Die Speisekarte, bitte.	Il menù, per favọre.
Flasche/Karaffe/Glas	bottịglia/carạffa/bicchiẹre
Messer/Gabel/Löffel	coltẹllo/forchẹtta/cucchịaio
Salz/Pfeffer/Zucker	sạle/pẹpe/zụcchero
Essig/Öl/Milch/Sahne/Zitrone	acẹto/ọlio/lạtte/pạnna/limọne
mit/ohne Eis/Kohlensäure	con/sẹnza ghiạccio/gas
kalt/versalzen/nicht gar	frẹddo/trọppo salạto/non cọtto
Vegetarier(in)/Allergie	vegetariạno/vegetariạna/allergịa
Ich möchte zahlen, bitte.	Vorrẹi pagạre, per favọre.
Rechnung/Quittung/Trinkgeld	cọnto/ricevụta/mạncia
bar/Kreditkarte	in contạnti/cạrta di crẹdito

NÜTZLICHES

Wo finde ich ...?	Dọve pọsso trovạre ...?
links/rechts/geradeaus	sinịstra/dẹstra/drịtto
Wie viel Uhr ist es?	Che ọra è? Che ọre sọno?
Es ist drei Uhr./Es ist halb vier.	Sọno le tre./Sọno le tre e mẹzza.
heute/morgen/gestern	ọggi/domạni/iẹri
Wie viel kostet ...?	Quạnto cọsta ...?
zu viel/viel/wenig/alles/nichts	trọppo/mọlto/pọco/tụtto/niẹnte
teuer/billig/Preis	cạro/econọmico/prẹzzo
Wo finde ich einen Internetzugang/ WLAN?	Dọve trọvo un accẹsso ịnternet/ wi-fi?
offen/geschlossen	apẹrto/chiụso
kaputt/funktioniert nicht	guạsto/non funziọna
Panne/Werkstatt	guạsto/officịna
Fahrplan/Fahrschein	orạrio/bigliẹtto
Zug/Gleis/Bahnsteig	trẹno/binạrio/banchịna
Hilfe!/Achtung!/Vorsicht!	Aiụto!/Attenziọne!/Prudẹnza!
Verbot/verboten/Gefahr/gefährlich	diviẹto/vietạto/perịcolo/ pericolọso
Apotheke	farmacịa
Fieber/Schmerzen	fẹbbre/dolọri
0/1/2/3/4/5/6/7/8/9/10/ 100/1000	zẹro/ụno/dụe/tre/quạttro/cịnque / sẹi/sẹtte/ọtto/nọve/diẹci/cẹnto/ mịlle

LESESTOFF & FILMFUTTER

KALTER WIND IN GENUA

So heißt der erste, 2007 auf Deutsch erschienene Genuakrimi mit dem Vespa fahrenden und Mozart hörenden Privatdetektiv Bacci Pagano des ligurischen Autors Bruno Morchio. Die Geschichten spielen hauptsächlich in den dunklen Gassen der Altstadt.

TINTENHERZ

Der Verfilmung des Fantasy-Bestsellers von Cornelia Funke (Kinostart 2008) dienten die mittelalterlichen Gassen von Albenga und Laigueglia und das halb verlassene Bergdorf Balestrino als Kulisse.

TAGE UND WOLKEN

Michele und Elsa gehören zur Genueser Upper Class, dann verliert er seinen Job. Eine bittersüße Geschichte (2007) über wirtschaftlichen Abstieg und die Liebe von Erfolgsregisseur Silvio Soldini.

LA NONNA, LA CUCINA, LA VITA

Eine Hommage (2005) der Deutsch-italienerin Larissa Bertonasco an ihre Oma Maria, mit vielen ligurischen Rezepten und Kindheitserinnerungen, stimmungsvoll von ihr selbst illustriert.

PLAYLIST QUERBEET

0:58

II BRACCIO 16100 – REAL MADRID
Hip-Hop plus Rap = Trap. Damit bringt das Genueser Trio seit Jahren italienische Dancefloors zum Kochen

▶ ADRIANO CELENTANO – SUSANNA
Portofino bei den ganz noblen Absteigen, eine Mademoiselle jettet herum – und hat den italienischen Liebhaber längst abserviert

▶ PAOLO CONTE – GENOVA PER NOI
Genuas inoffizielle Hymne

▶ EUGENIA POST MERIDIEM – LOW TIDE
Sonne, Klippen und Meer trägt die junge, alternative Band aus Genua in die Welt hinaus

▶ FABRIZIO DE ANDRÉ – VIA DEL CAMPO
Ein Hohelied auf die berühmte Straße in Genuas Hafenviertel vom Meister der *cantautori*

Den Soundtrack zum Urlaub gibt's auf **Spotify** unter **MARCO POLO Italy**

Oder Code mit Spotify-App scannen

AB INS NETZ

CINQUE TERRE HIKING GUIDE
Die App des Cinque-Terre-Naturparks informiert rundum mit Offlinekarten, Wetterwarnungen und Zug- und Bootsverbindungen.

BEAUTIFULIGURIA.COM/BLOG
Der Blog erzählt mit Fotos und in Posts von interessanten Entdeckungen und bietet individuelle Begleitung fern der ausgetretenen Touristenpfade.

ASMALLKITCHENINGENOA.COM
Die Köchinnentochter und Foodbloggerin Enrica aus Genua zeigt der Welt die ligurische Küche, mit Rezepten und Ausgehtipps.

ITALIENWANDERN.DE
Die Reisebuchautoren und Wanderbegleiter Christoph Hennig und Nicola Born stellen auf ihrer Website ein paar wunderschöne Wandertouren detailliert und großzügig vor.

@AROUNDGENOVA
Fernweh weckende Ansichten von Genua und Umgebung wechseln sich ab mit englischen Erklärungen des handfesten Genueser Dialekts.

TRAVEL PURSUIT

DAS MARCO POLO URLAUBSQUIZ

Weißt du, wie Ligurien tickt? Teste hier dein Wissen über die kleinen Geheimnisse und Eigenheiten von Land und Leuten. Die Lösungen findest du in der Fußzeile. Und ganz ausführlich auf den S. 20–25.

❶ Wann erlebte der Nobel-Küstenort Portofino seine Hoch-Zeit?
a) In den wilden 1920ern
b) In den glamourösen 1950ern
c) Im Anything goes der 1980er

❷ Welches Wappentier hat der Traditions-Fußballclub CFC Genoa?
a) Einen Greif
b) Einen Phönix
c) Ein Einhorn

❸ Wie heißt der Künstler, der seine Einkäufe in Santa Margherita mit einem Gemälde bezahlen wollte?
a) Michelangelo Merisi
b) Michele Cascella
c) Carlo Carrà

❹ Was kann man in den Höhlen von Toirano bewundern?
a) Krallenspuren des Höhlenbärs
b) Wegen der besonderen Akustik gerühmte Konzerte
c) Europas einzige Kolonie von Grottenolmen

❺ Genueser gelten ...
a)... wegen ihres Geizes als die „Schwaben Italiens"
b)... wegen ihres bunten Karnevals als die „Rheinländer Italiens"
c)... wegen ihres belächelten Dialekts als die „Sachsen Italiens"

Lösungen: 1b, 2a, 3b, 4a, 5a, 6b, 7b, 8c, 9b, 10c, 11b

Achtung, Spoiler (Frage 1): Seine mondänste Zeit erlebte Portofino in den Fifties

❻ In welcher Situation gebrauchen Ligurier das Wort „bélin"?

a) Als morgendlichen Gruß

b) Wenn ihnen der Bus vor der Nase weggefahren ist

c) Wenn sie ihre Frau oder Freundin rufen

❼ Wie nannte man abfällig den Architekturmix, der Anfang des 20. Jhs. an der Riviera beliebt war?

a) Konditorenarchitektur

b) Zuckerbäckerstil

c) Pralinenmacherkunst

❽ Von was sang der berühmte Liedermacher Fabrizio De André meistens?

a) Vom Bergleben im ligurischen Apennin

b) Vom Fischerleben auf dem Ligurischen Meer

c) Vom Straßenleben in Genua

❾ Für welche Musikrichtung gilt Genua mittlerweile als italienische Hauptstadt?

a) Hip-Hop

b) Trap

c) Ska

❿ Warum lohnt sich ein Ausflug nach Valloria?

a) Wegen der besonders zahlreichen in Trompe-l'Œil-Technik aufgemalten Fenster

b) Wegen der besonders guten Steinpilze der Gegend

c) Wegen der von Künstlern bemalten Haustüren

⓫ Wann werden in vielen Orten der Blumenriviera die Straßen zu Blütenteppichen?

a) Zu Pfingsten

b) Zu Fronleichnam

c) Am Namenstag des jeweiligen Ortsheiligen

REGISTER

LOB ODER KRITIK? WIR FREUEN UNS AUF DEINE NACHRICHT!

Trotz gründlicher Recherche schleichen sich manchmal Fehler ein. Wir hoffen, du hast Verständnis, dass der Verlag dafür keine Haftung übernehmen kann.

MARCO POLO Redaktion • MAIRDUMONT • Postfach 31 51
73751 Ostfildern • info@marcopolo.de

Impressum
Titelbild: Manarola in den Cinque Terre (Schapowalow: O. Fantuz)
Fotos: H. Eid (73); Getty Images/PKS Media Inc.: Ascent (60); huber-images: S. Brozzi (8/9), M. Carassale (29, 33, 53, 66/67, 75, 96, 113), D. Cenadelli (106/107), L. Da Ros (105), D. Erbetta (65), Gräfenhain (46, 58, 68/69, 82/83, 99, 108/109, 115), J. Huber (11, 90); Laif: C. Boixvieux (14/15), Celentano (116), P. Hirth (57), G. Standl (120/121), B. Steinhilber (128/129), Zanettini (37); Look: D. Schoenen (81, 89, 118/119); Look/age fotostock (100); mauritius images: ClickAlps (131); mauritius images/Alamy: (25, 79, 87, 123, 138/139), J. Eccles (Klappe hinten), F. Iotti (55), Realy Easy Star/T. Spagone (32/33), L. Rei (2/3), D. Surkov (45), Travelbild-Italy (Klappe vorne außen, Klappe vorne innen/1, 22); mauritius images/CuboImages (13, 63); mauritius images/Cultura (34/35); mauritius images/hemis.fr: R. Mattes (6/7); mauritius images/Imagebroker: N. Kramer (48), D. Schoenen (40/41), M. Weber (16/17, 50/51), E. Wrba (94); mauritius images/robertharding: M. Simoni (77); mauritius images/Westend61 (93); S. Oberpriller (143); picture-alliance/Hoch Zwei: Italy Photo Press (20/21); Shutterstock: anna.q (28/29), berni0004 (102), O. Gavrilova (26/27), P. Kosmider (133), Mikadun (140/141), Pi_Kei (10), Romrodphoto (12)

17., aktualisierte Auflage 2024

Autorin: Sabine Oberpriller; Redaktion: Nikolai Michaelis; Bildredaktion: Anja Schlatterer
Kartografie: © 2024 KOMPASS-Karten GmbH, A-6020 Innsbruck; MAIRDUMONT, D-73751 Ostfildern (S. 38–39, 122, 125, Umschlag außen, Faltkarte); © 2024 KOMPASS-Karten GmbH, A-6020 Innsbruck (S. 126-127, Faltkarte Nebenkarte); © 2024 KOMPASS-Karten GmbH, kompass.de unter Verwendung von © OpenStreetMap Contributors, osm.org/copyright (S. 42–43, 70–71, 84–85, 110-111)
Als touristischer Verlag stellen wir bei den Karten nur den De-facto-Stand dar. Dieser kann von der völkerrechtlichen Lage abweichen und ist völlig wertungsfrei.
Gestaltung Cover, Umschlag und Faltkartencover: bilekjaeger_Kreativagentur mit Zukunftswerkstatt, Stuttgart
Gestaltung Innenlayout: Langenstein Communication GmbH, Ludwigsburg
Spickzettel: in Zusammenarbeit mit PONS Langenscheidt GmbH, Stuttgart
Texte hintere Umschlagklappe: Lucia Rojas
Konzept Coverlines: Jutta Metzler, bessere-texte.de

Printed in Poland

MIX
Paper | Supporting responsible forestry
FSC® C018236
www.fsc.org

MARCO POLO AUTORIN
SABINE OBERPRILLER

Die Journalistin und Übersetzerin weiß selbst nicht so recht, woher ihre Italiensehnsucht rührt. Jedenfalls ist sie schon im Kindesalter ausgebrochen und hat sie später zum Studium von Kultur und Sprache nach Italien geführt. Seither verbringt sie dort immer wieder viel Zeit. Ein bevorzugtes Ziel ist Ligurien – aber eine endgültige Erklärung hat sie auch dort noch nicht gefunden.

BLOSS NICHT!

FETTNÄPFCHEN UND REINFÄLLE VERMEIDEN

NEBEN DER BAHNTRASSE EINMIETEN

Wenn du lärmempfindlich bist, solltest du beim Buchen deiner Unterkunft darauf achten, dass du ein Zimmer außer Hörweite der stark befahrenen Bahntrasse buchst, die viele Rivieraorte durchzieht.

BEI ALGENALARM BADEN

In den letzten Jahren ist ab und zu eine giftige Algenart in den Gewässern westlich von Genua aufgetaucht. Die Strandwärter geben Alarm, den man beachten sollte, denn die Berührung kann Fieber und Kopfschmerzen verursachen.

OHNE SCHUHE IM WALD UND AUF KLIPPEN

Wunderbare Wälder laden zum Spazierengehen ein. Dabei sind feste Schuhe eine gute Wahl, denn der Weg ist oft voll spitzer Felsen und es gibt vereinzelt kleine Schlangen. Für die Badeplätze auf Klippen und Kieseln empfehlen sich Plastiksandalen, auch als Schutz vor Seeigeln an Felsen unter Wasser.

IM PULK DURCH DIE CINQUE TERRE

Wenn du für einen Tagesausflug in die Cinque Terre fahren willst, vermeide die Wochenenden von Ostern bis September, denn da wird es voll und selbst gelassene Gemüter können die Schönheit der Dörfer und der Natur nicht mehr entspannt genießen.

BRIEFKÄSTEN VERWECHSELN

Lass dir keine Marken von privaten Postanbietern wie GPS andrehen. Sie sind überteuert und wer die Karte nicht in spezielle Kästen wirft (wo, welche?!), hat verloren. Halte dich an die Post und ihre roten Kästen.